서울, 2010년 6월

노회찬의 약속

평등·생태·평화·연대

진보신당

복지혁명, 서울에서 시작됩니다

나
는
꿈
을
꿉
니
다

대학서열과 학력차별이 없고 누구나 원하는 만큼 교육받을 수 있는 나라,
비정규직이라는 이유로 차별을 받지 않는 나라,
인터넷 접속이 국민의 기본권으로 보장되는 나라,
그리고 무엇보다 모든 시민이 악기 하나쯤은 연주할 수 있는 나라.

토머스 모어는 고작 하루 노동시간을 여섯 시간으로 줄여놓고
그 섬을 존재하지 않는 섬, 유토피아라 불렀지만
나는 그보다 더 거창한 꿈을 꾸지만 꿈이라 여기지 않고 있습니다.

이 꿈을 놓지 못하는 것은 현실가능성이 크기 때문도 아니고,
그 꿈이 너무 아름다워 포기하기가 어렵기 때문도 아닙니다.
그 꿈 이외에는 대안이 없기 때문입니다.

우리는 행복해지는 것을 두려워하지 말아야 합니다.

이미 그 꿈은 나의 곁에, 우리 모두의 곁에 와 있습니다.

그 아름다운 미래의 선택은 우리의 몫입니다.

이 책은 진보의 봄을 기다리는

모든 사람들이 가야할 곳을 가리키는 나침반이자,

우리 곁에 다가올 새로운 사회에 대한 사용설명서입니다.

꼼꼼히 읽으시고, 까칠하게 따져 보다보면,

우리들의 꿈은 어느덧 곁에 다가와 있을 것입니다.

모자란 것은 서로의 지혜로 채워 넣고, 힘이 부족하면 서로 어깨를 걸어야만 합니다.

그렇게 지혜와 의지를 나누어야 합니다.

2010년 5월 종로에서

노회찬의 일곱가지 약속

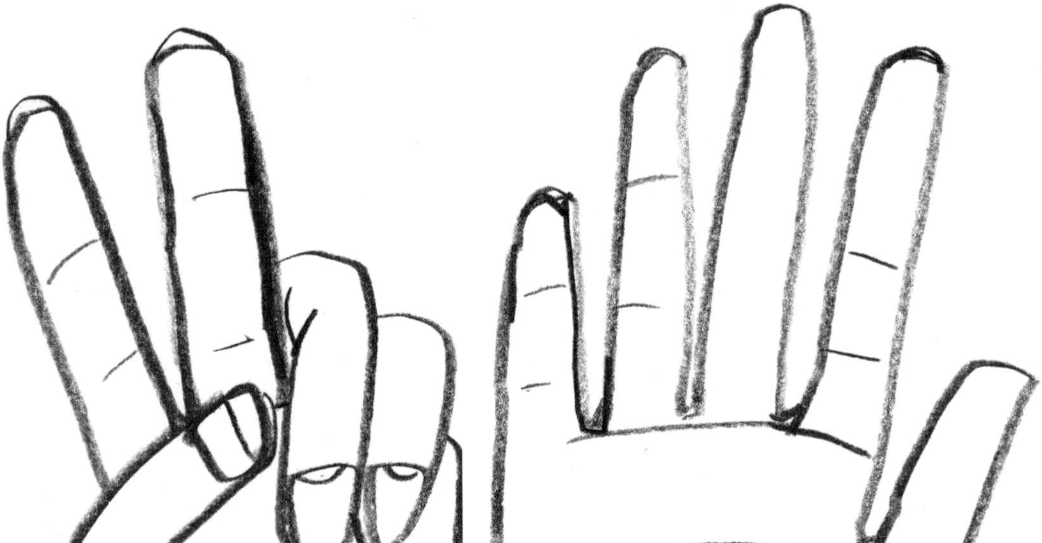

장벽없는 소통과 공존의 서울

역사와 문화가 살아 숨쉬는 서울

아이와 엄마가 행복한 서울

미래로 진보하는 서울

일과 여가가 조화되는 서울

태양과 바람의 도시 서울

일자리, 집, 건강 걱정없는 서울

차
례

01
아이와 엄마가 행복한 서울

01

아이와 엄마가
행복한 서울

어릴 적 '회찬이의 일기'를 보면, 웃음이 먼저 납니다.
어린이 텔레비전 프로그램〈황금박쥐〉를 본 뒤, 두 주먹을 불끈 쥐며 일기를 썼을
11세 소년의 모습이 떠올라서이지요.
어릴 적 누구나 그랬듯,
그 역시 정의로움을 배웠겠지요.
꼼꼼히 기록해 둔 일기장에는
가족의 사랑으로 성장해가는 하루하루가 담겨있습니다.

이제 그는 자라나,
'아이와 엄마가 행복한 서울'을 꿈꿉니다.
번잡스런 사교육 시장에서 친구를 사귈 시간도 없는 아이와,
정보력이 어머니의 사랑이 되어버린 그녀들.
사실
세상을 좀더 멋지게 바꾸는 일은
이제 그들을 좀 쉽게 해주는 것일지 모릅니다.

여기, 새로워질 삶을 위한 대안이 있습니다.
소박하고 자잘하지만
꼭 있어야 하는 것들,
말이지요.

진보의 약속

노회찬 후보가 자취 시절부터 사용했던 냉면 그릇.

가난하지만 열심히 살아왔던 그의 삶이 담긴 그릇입니다.

요리를 즐기는 노회찬은 지금도 이 냉면 그릇을 보며

모든 이들의 허기와 상처를 달래 줄 세상을 꿈꿉니다.

친환경 무상급식을 부탁해!

밥 한 그릇에도 사람 살아가는 냄새와 맛이 있습니다.
밥 한 그릇에도 세상 살아가는 원칙과 도리가 있습니다.
어렵고 가난한 살림살이에도 손님에게는 가장 좋은 반찬을 내놓았습니다.

더 이상 우리 아이들이 '눈칫밥'을 먹게 할 수는 없습니다.
더 이상 우리 아이들이 '거지밥'을 먹는다며 놀림을 받게 할 수는 없습니다.

농부의 소중한 땀과 자연의 선물이 담긴 친환경 급식,
아이들의 밥상만큼은 사회가 책임을 지는 무상급식,

친환경 무상급식은 엄마의 마음으로 우리 아이들에게 주는 사랑입니다.

Q 아니, 왜 아이들에게 밥을 공짜로 주나요?

A 가난한 아이들이나 부자 아이들이나 중학교까지는 모두 학비 면제잖아요? 그 이유를 생각해 보세요. 헌법에도 '의무교육은 무상으로 한다'고 되어 있답니다. 학교급식도 학교 교육의 과정에서 이루어지는 것이니 무상으로 해야 하는 게 당연하지요. 선진국에서는 학비, 급식비뿐만 아니라 책값, 학용품값도 모두 무상이랍니다. 마음 같아서야 우리나라도 완벽한 무상교육을 하고 싶지만, 일단 가장 중요한 급식부터 무상으로 하자는 것이죠.

Q 그렇더라도 가난한 아이에게만 무상급식을 해도 문제가 없을 텐데요?

A 지금도 저소득층 아이들은 급식비 면제가 되니까 적어도 학교 다닐 때에는 밥을 굶는 아이가 전혀 없겠지요. 하지만 그 아이들이 받는 심리적 박탈감을 생각해 보세요. 적어도 어린 아이들이 밥 먹는 문제로 상처를 받는 일은 없어야합니다.

Q 무상급식은 무상교육을 도입하기 위한 좌파의 포퓰리즘 정책이라던데?

A 제발 아이들 밥 먹이는 문제, 교육시키는 문제까지 이념의 잣대를 들이대지 말았으면 하네요. 그리고 무상교육이 왜 나쁘죠? 우리나라 헌법에도 의무교육은 무상교육을 원칙으로 하고 있다니까요.

Q 집에서도 친환경 농산물은 비싸서 못 먹는데…….

A 그러니까 학교에서라도 먹여야죠. 게다가 패스트 푸드에 길들여져 있는 아이들의 입맛도 바꾸고, 아이들의 건강도 챙기고, 친환경 농업도 육성하고 그야말로 1석 3조이지요.

무상급식을 실시하면
아이 한명당 1년에 45만 원씩
가계부 절감 효과가
있다는 사실!

Q 차라리 도시락을 싸 주는 게 낫지 않을까요?

A 그럼 좋지만 그것도 하루 이틀이죠. 얼마나 힘든지 아시면서 ㅋㅋ. "국가가 나에게 해준 게 뭐야!"라고들 하시는데, 애들 급식이라도 잘 해드릴게요. 게다가 무상급식을 실시하면 아이 한 명당 1년에 45만 원씩 가계부 절감 효과가 있다는 사실!

Q 무상급식을 하자면 돈이 엄청 들 텐데요?

A 밥 먹이는 것보다 더 중요한 일이 있을까요? 게다가 이미 무상급식을 하고도 남을 재원이 충분히 있답니다. 서울시 재정을 보면 최근 3년 간 연평균 1조 원이 넘는 잉여금이 있습니다. 돈이 없는 것이 아니라 우리 아이들을 위해 예산을 집행하겠다는 의지가 없는 거랍니다.

Q 민주당도 무상급식한다던데요?

A 진보신당은 아주 오래 전부터 '무상교육'을 주장했답니다. 경기도 교육감의 '무상급식'도 그 맥락에서 나온 것이지요. 민주당도 이 주장에 동참하고 있으니 다행이지만 단지 시류에 영합하는 정책이 아니었으면 하네요. 우리는 궁극적으로 급식과 교육뿐만 아니라 보육, 의료, 주택, 일자리 등을 사회가 책임지는 복지 혁명을 이루어내고자 한답니다.

숫자로 보는 이야기

47

▶요즘 밥 굶은 아이가 어디있냐고요? 방학이면 밥을 굶는 결식 아동이 **47만 명**입니다. 이 아이들이 끼니를 때울 유일한 수단은 학교 급식입니다.

140

▶무상급식할 돈이 어디 있냐고요? 현 서울시장이 자신의 치적을 홍보하기 위해 사용한 비용이 1년에 **140억** 원입니다. 겉멋을 부리는 데에만 돈을 쓰지 말고 우리 아이들의 밥상을 먼저 챙겨 줬어야 했습니다.

35

▶서울지역 학교 전체 급식 비용 가운데 서울시가 부담하는 비율은 0.4%에 불과합니다. 전국 16개 시도 가운데 꼴찌입니다. 반면 전라남도가 부담하는 비율은 13.9%, 무려 **35배** 차이가 납니다. 그렇다고 하여 전라남도가 서울시보다 35배 부자인 것은 아닙니다.

97

▶학교에서 급식비를 지원받는 학생들은 전국에서 무려 **97만 명**입니다.
이 아이들은 '거지밥' '공짜밥'을 먹는다고 다른 아이들에게 놀림을 당하기도 합니다. 이 아이들이 계속 마음의 상처를 받게 할 수는 없습니다.

3

▶서울지역 학교 전체 급식비용 가운데 학부모가 부담하는 비율은 74.9%입니다. 전국 16개 시도 가운데 **3위**입니다. 서울 학부모들은 다른 지역보다 더 많은 돈을 내고도 질 낮은 급식을 아이들에게 먹인 셈입니다.

쉐프~ 친환경 무상급식을 부탁해!

난 16살 여중생. 학교에서 공부를 하다보면 너무 배가 고파 점심시간만 기다리지. 하지만 학교 급식이 너무 형편없어. 맛도 없을 뿐 아니라 건강 관리에 전혀 도움이 안 된다니까.

아, 학교에서도 파스타를 먹을 수 있다면 얼마나 좋을까? 신선한 해산물에 유기농 야채를 곁들인 파스타! 이왕이면 멋진 쉐프 아저씨가 직접 만들어 주면 더욱 좋고.

영국에 제이미 올리버라는 요리사가 있다는데, 이 아저씨는 축구 선수 베컴 다음으로 인기가 있는 사람이래. 영국 학교의 부실한 급식을 개선하려고 직접 신선한 재료로 만든 요리를 아이들에게 먹이며 패스트 푸드에 길들여진 입맛을 바꾸셨대. 이 분의 급식 개혁 운동은 전 국민적 지지를 받게 되었고, 영국의 토니 블레어 총리는 2억 8천만 파운드, 자그마치 우리 돈으로 5천억 원을 학교 급식에 지원했대.

우리에게도 제이미 올리버가 필요해. 쉐프~ 친환경 무상급식을 부탁해!

노 회 찬 의 급 식 정 책

"초등학교, 중학교 학생들에게 친환경 무상급식을 실시하겠습니다"

추진 방법

① 서울지역 초등학생 60만 명과 중학생 35만 명 전원에게 무상급식을 실시

② 서울지역 초등학교 586개, 중학교 379개, 고등학교 311개에 친환경 식재료를 공급

③ 교육청, 기초자체단체 등과 협의하여 급식 예산을 공동 부담

기대 효과

① 학부모는 학생 1인당 연간 45만 원 가량 급식비 절감

② 급식비를 지원받는 학생들이 마음의 상처를 받는 일이 없어짐

③ 학교 급식에 친환경 식재료를 사용으로 학생들의 바른 식습관 형성과 건강을 지킴

④ 친환경 농업을 육성하는 효과

소요 재원

① 무상급식 소요 재원 : 연 1,900억 원 분담 (총 3,795억 원)

② 친환경급식 소요 재원 : 연 240억 원 분담 (총 480억 원)

사진 그림틀

내 집 앞에
국공립 어린이집이 온다

아이를 키우려면 나이 드신 시어머니, 친정 엄마의 손을 빌려야 합니다.
아니면, 오랫동안 일한 직장을 그만두어야 합니다.
어린이집에 맡기자니 비용이 만만치 않습니다.
게다가 하루가 멀다 하고 언론에 나오는 부실 어린이집 보도를 보면 맡기기도 겁이 납니다.
국공립 어린이집은 믿을 만하다는 데, 들어가자니 하늘에 별 따기입니다.
이곳저곳 신청을 해보았지만 대기자는 수천 명, 수만 명씩 줄을 섰습니다.

엄마와 아이들의 얼굴에 미소를 돌려주는 길
믿고 맡길 수 있는
'내 집 앞 국공립 어린이집' 늘리기부터 시작하겠습니다.

Q&A 7

까칠한 다인맘,
진보에게
길을 묻다

Q 정말 아이 키우기 너무 어려워요!

A 그렇지요. 육아를 위한 믿을 수 있는 시스템을 만드는 것이 숙제가 된 시절입니다. 연일 이슈가 되는 위험한 먹거리와 관리되지 않는 교육기관이 그것을 대변하고 있지요. 덴마크는 아이 키우기 좋은 나라의 대표적인 예인데요, 지방자치단체마다 연령대별로 공공 보육 시설이 있습니다. 부러우시죠?

Q 또 좋은 어린이집은 대기자가 너무 많아요.

A 현재 서울 시내에는 623개의 국공립 어린이집이 있습니다. 통계에 의하면 평균 대기자수가 100명이 넘는다고 해요. 태어나는 동시에 어린이집 예약을 해야 한다는 말이 나올 정도니까요.

Q 현재 서울시에서도 보육시설을 늘리겠다고 광고 많이 하던데요?

A 최근 서울시 8년 동안 실제로 얼마나 늘어났을까요? 오히려 전체 보육시설에서 국공립 보육시설이 차지하는 비율은 12.8%에서 11%로 낮아졌다는 통계가 있습니다. 모르셨죠!

Q 노회찬 후보는 우선 4세 아동까지 아동 수당을 준다고 했는데, 아동 수당이 무엇인가요? 모두에게 주는 것인가요?

A 세계적으로 볼 때 아동 수당이 도입된 때는 1940년입니다. 이후 대부분의 북유럽, 서

유럽 국가에서는 모든 아이들부터 18세까지 아동 수당을 지급하고 있습니다. 아이들 키우는 비용은 국가가 지불해야 한다는 생각이지요. 이제 우리나라도 이러한 제도를 도입할 만큼의 경제력과 인식이 발전되었다고 봅니다.

Q 어린이에 대한 의료비도 대신 내어 주신다고 하는데, 그 내용이 무엇인가요?

A 아이를 키우다 보면 전염병 예방접종 등 크고 작은 의료 비용들이 많이 들어갑니다. 어린이에 관한 의료 비용 중 본인부담금을 서울시가 대신 지불하는 것을 목표로 하고 있습니다. 4세까지 무상 의료를 실현하고자 합니다.

Q 국공립 어린이집에, 아동 수당, 의료비 지원 등을 받는다면 좋기는 한데, 보육에 너무 많은 재원을 투자하는 것이 아닌가요?

A 아이를 키우는 데 드는 돈을 '개인이 지불하느냐, 아니면 사회가 지불하느냐?' 하는 것은 오래되고도 중요한 질문입니다. 노회찬의 보육 정책은 매년 1조 정도의 비용을 지불할 계획을 가지고 있습니다. 현재 정부와 서울시가 5,000억 정도를 사용하고 있는데, 우리는 여기에 5,000억을 더 사용하여 보육에 관한 한 서울시 책임을 확실히 하고자 합니다. 이 정도 예산은 불필요한 토목 예산을 절감하게 되면 충분히 가능한 목표입니다.

Q 실현된다면 좋겠네요. 그런데 왜 보육정책에 이렇게까지 신경을 쓰시나요?

A 아이의 건강한 성장이 중요하니까요. 최소한의 기본권인 의료, 먹을거리, 주거(국공립 어린이집) 문제를 서울시가 책임지고 해결하겠다는 의지입니다. 부모님들은 아이를 키우는데 부담을 덜고, 아이들은 건강하게 커가길 바라는 것입니다. 이는 저출산·고령화 사회를 대비하는 중요한 대책이기도 하고, 서민 경제를 살리는 방법이기도 합니다.

믿을 수 있고 저렴한!
안심, 책임, 건강보육은
국공립 보육시설
확충부터라는…

숫자로 보는 이야기

▶자녀 한 명에 드는 양육비는 대학 졸업시까지 무려 2억3,200만 원으로 나타나며, 월평균 양육비는 **86.5만 원**에 달합니다.

▶덴마크에서는 보육 비용의 **75%**를 지방자치단체가 부담하고, 이용자가 내는 비율이 **25%**라고 합니다. 비용은 저렴하지만 질이 낮은 것은 아닙니다. 부모들이 이사회에 직접 참여하여 운영하고 있기 때문이지요.

▶서울 10세 미만. 아이의 1년간 총진료비는 5,225억 원, 이 중 본인부담금은 1,194억 원입니다. 4세까지 **600억 원**만 추가 지원하면 아이들이 돈이 없어 병원에 가지 못하는 일이 없는 무상 의료가 실현됩니다.

▶현재 서울시 국공립 어린이집은 전체 어린이집 10개 중 1개, 이용하는 아동 대비 **5명 중 1명** 꼴입니다. 때문에 국공립 보육시설은 총 760개소로 1개 동에 1.5개 꼴에 불과합니다.

▶소득과 관계없이 모든 아동에게 지급하는 '아동 수당'을 도입된 시기는 **1940년**입니다. 스웨덴·덴마크 등을 비롯한 북유럽 국가, 독일을 비롯한 서유럽 국가에서는 1명 이상의 자녀를 두는 모든 가족에게 소득과 상관없이 아동 수당을 지급하고 있으며, 최소 노동 연령인 만14세~18세까지 지급하고 있습니다.

▶3월 22일 현재 서울 632개 국공립 어린이집의 누적 대기자 수는 총 **167,286명**에 달한다고 합니다. 이것은 전체 정원(5만 3,521명)의 무려 세 배입니다. 그런데도 현재 서울시는 국공립 보육 시설을 확충하려는 의지가 없군요.

노 회 찬 의 보 육 정 책

"4세까지 어린이의 의(醫), 식(食), 주(住)를 서울시가 책임지겠습니다"

의(醫) : 4세까지 어린이의 건강보험 본인부담금 전액 지원

- 부모에게는 의료비 걱정 끝
- 경제적 이유로 치료 못받는 어린이 제로(Zero)

식(食) : 4세까지 모든 어린이에게 월 10만원씩 '맘마수당'(아동수당) 지급

- 집에서도 안전한 먹을거리 제공하는 복지 실시
- 모든 어린이집에서 친환경 무상급식 실시

주(住) : 국공립 어린이집을 현재보다 2배 확대, 동네마다 질 높은 공공보육

- 국공립 어린이집 1,500개까지 확충
- 모든 아동에게 지원하는 100% 무상 보육 실시

기대 효과

① 현재 국공립 어린이집 정원의 3배인 공공보육시설 대기자들의 수요 충족
② 어머니들의 출산 및 양육 부담을 낮추고 사회 활동을 보장
③ 양질의 안정된 1만 8천 명 일자리 창출

소요 재원 : 총 4,500 여억 원

① 어린이 무상의료 : 597억 원
② 아동 수당 : 2,065억 원
③ 무상 보육 : 1,060억 원
④ 국공립 어린이집 : 789억 원

진 보 의 약 속

한번쯤 생각해 보셨습니까? 우리 아이들이 학원에 갈 필요가 없게 된다면,
우리 아이들이 성적 때문에 비관하지 않아도 된다면, 우리 아이들은 어떤 꿈을 그리게 될까요?

꼴찌도 행복한 학교

참 이상한 학교가 있답니다.

쉬는 시간이 되면 아이들은 모두 운동장으로 나가야 한답니다.
교실 문이 잠겨 공부하고 싶어도 공부를 할 수 없으니까요.

시험 시간에 모르는 문제가 나오면 아이들은 선생님에게 질문을 한답니다.
선생님이 아이들에게 문제 푸는 방법까지 알려주니까요.

시험이 끝나고 성적표가 나와도 아이들은 모두 웃음을 짓는답니다.
성적표에 점수만 있을 뿐 석차가 없으니까요.

고등학교 3학년 학생이 오후 3시가 되면 공부를 마치고 취미활동을 한답니다.
학원도 과외 공부도 없으니까요.

그러면서도 다들 공부를 잘 한답니다.
뒤처지는 학생들에게 학교가 아주 특별한 지원을 하니까요.

세계에서 가장 공부 잘하는 나라, 핀란드 학교의 이야기입니다.
일등뿐만 아니라 꼴찌까지 행복한 나라입니다.

세계에서 두 번째로 공부 잘하는 나라, 한국은 어떤가요?
일등만 기억하는 세상 속에서, 아이들은 지금 무슨 꿈을 꾸고 있나요?

까칠한 다인맘,
진보에게
길을 묻다

Q 학교가 끝난 후에 아이들을 맡길 데가 없어요.

A 아이들을 직접 돌보기 어려운 부모들의 고통이 이만저만이 아닙니다. 그렇다고 해서 아이들을 학원으로만 내몰 수는 없습니다. 학교 수업이 끝난 후에도 학교에서 아이들을 돌볼 수 있도록 '방과 후 돌봄 학교'를 운영하겠습니다. 아이들에게 밥도 먹이고 놀아 주고 공부도 가르쳐 줄 수 있도록 시설과 인력을 지원하겠습니다.

Q 아이들 학교 때문에 이사를 가야하나 걱정이에요.

A 걱정 마세요. 맹모삼천지교(孟母三遷之敎)는 옛말로 끝나야 합니다. 지금 사는 지역에도 좋은 교육이 이루어지도록 하겠습니다. 가난한 지역 낙후된 학교부터 '핀란드형 혁신학교'로 지정하여 최고의 교육 여건을 갖추도록 하겠습니다.

Q 의미는 알겠는데, 그래 가지고 대학이나 가겠어요?

A 핀란드 학생들의 교육시간은 한국 학생들의 절반에 불과하지만, 매년 국제학업성취도평가(PISA)에서 1등을 합니다. 전문가들은 경쟁 보다는 협력의 원리를 선택한 교육 철학이 그 비결이라고 합니다. 잘 하는 아이 한 명을 키우기보다는 뒤쳐지는 아이들을 먼저 챙기는 노력이 지금 같은 성과를 낳은 것입니다.

Q 핀란드가 세계에서 공부 제일 잘하는 나라라는 말이 사실이에요?

A 그렇습니다. 하지만 핀란드 학교에서 학생들을 억지로 공부시키는 것은 아닙니다. 핀란드 학생들의 공부 시간은 한국 학생의 절반에 불과합니다. 잘하는 아이 한 명을 키우기보다 뒤쳐지는 아이들을 먼저 챙기려는 노력 때문에 지금과 같은 성과를 낳을 수 있었던 것입니다.

Q 그렇다면 핀란드 교육은 한국 교육과 정반대네요?

A 한국의 학생들은 공부를 잘하는 학생이지만 행복한 학생들은 아닙니다. 어려서부터 지나치게 많은 양의 공부를 해야 하고 경쟁도 치열하니까요. 비록 한국이 핀란드에 이어 PISA 테스트에서 2위를 차지하지만, 학생 간 학력 격차는 매우 큽니다. 그만큼 뒤처지는 학생에 대한 지원이 부족하다는 것이지요.

Q 사교육 때문에 걱정이에요. 어떻게 좀 해 주세요.

A 우리나라에서 사교육 부담이 생기는 근본적인 이유는 입시 경쟁입니다. 누구나 더 높은 대학에 가려는 경쟁이 생기고 사교육이 발생하는 것입니다. 이 문제를 근본적으로 해결하려면 학벌 구조 자체를 없애야 합니다. 학벌 구조가 없어지기 이전에라도 특단의 조치가 필요합니다. 현 정부는 특목고 자사고 등 귀족학교를 많이 세워서 부유층에게만 유리한 기회를 주고 있습니다. 오히려 가난한 지역, 낙후된 학교에 더 많은 지원을 하여 모든 학생들에게 균등한 기회를 제공해야 합니다.

Q 사교육뿐만 아니라 학교에 내야하는 돈도 만만하지 않아요.

A 모든 학교에서 실질적인 무상교육이 이루어지도록 단계적으로 지원을 확대해야 합니다. 우선 무상급식을 통해 급식비 부담을 덜어드리고 아이들 학습 준비물을 학교에서 모두 갖출 수 있도록 하겠습니다. 또한 학교운영비, 교복비, 수학여행비, 특별활동비 등의 부담을 단계적으로 덜어나가도록 하겠습니다.

핀란드의 사례는
공교육에 대한 확고한 철학이
필요하다는 것을 보여주죠.

숫 자 로 보 는 이 야 기

1 vs 89

▶2008년에 금천구가 투자한 교육경비보조금은 **1억 3천만 원**, 반면 강남구의 교육 경비 보조금은 **89억 5천만 원**입니다. 강남과 비강남 지역의 교육 격차가 더욱 커지고 있습니다.

▶한국 학생들은 학교 수업을 마친 후에도 주당 평균 **20시간**을 더 공부한답니다. 핀란드 학생들의 방과 후 학습 시간은 7시간에 불과하지요.

▶우리나라의 일 년 평균 사교육비 규모는 **20조**에 달합니다. 통계청에 잡히지 않는 고액 과외라든가 외국 유학 비용을 합하면 30조에 달한다고 합니다. 가계의 전체 소비 가운데 교육비가 차지하는 비율은 평균 9.3%입니다.

▶한 아이를 유치원부터 사립대학교까지 교육시키는 데에 드는 비용은 모두 **1억 1,476만 원**입니다. 최저 임금 노동자는 안 먹고, 안 쓰고 9년 6개월을 꼬박 일해야 벌 수 있는 돈입니다.

114,760,000

48.9%

▶최근 한 설문조사에 의하면 한국 학생의 **20%**는 입시와 성적 스트레스로 자살 충동을 느낀 적이 있다고 대답했습니다. 실제로 자살을 시도한 학생은 전체 학생 가운데 5%라고 합니다.

▶2010학년도 연세대 인문계열 신입생 중에서 외고 출신이 차지하는 비율은 **48.9%**입니다. 부유층이 특목고, 명문대를 통해 부와 권력을 세습하고 있습니다. 더 이상 개천에서 용이 나지 않고 있습니다. 교육 양극화가 사회 양극화를 더욱 심화시키고 있습니다.

"핀란드형 혁신학교로 창의적인 인재를 키우겠습니다"

맞춤형 공교육으로 창의적인 인재를!
추진 방법
① 교육 및 소득 낙후 지역 학교에 더 많은 행정적, 재정적 지원
② 학급 당 학생 수 감축, 교육여건 개선
③ 다양한 교육 프로그램 운영, 맞춤형 개별학습, 교원의 전문성 향상
④ 학교 당 연 2억 원씩 지원금 보조
소요 재원 : 연간 2000억 원 (서울교육청과 분담)

'행복한 돌봄 교실'로 홀로 남겨진 아이에게 따뜻한 보살핌을!
추진 방법
① 맞벌이 또는 저소득층을 위한 초등학교 저학년을 위한 200개의 '돌봄 교실' 확충
② 오후 1시부터 밤 9시까지 운영, 간식 및 석식 무상 제공
③ 특기적성교육, 부족한 공부 지도, 독서, 각종 문화체험 프로그램 운영
소요 재원 : 연간 160억 원 (서울교육청과 분담)

아이들의 책가방을 가볍게! 준비물 걱정 없는 학교
추진 방법
① 초등학교 1인당 5만원까지 학습준비물 구입비용 지원
② 교과서 및 개인 소모품 외 모든 학습준비물을 학교에 비치
소요 재원 : 연간 37억 원 (서울교육청, 구청과 분담)

오늘 저는 대학을 그만 둡니다

대학은 글로벌 자본과 대기업에 가장 효율적으로

'부품'을 공급하는 하청업체가 되어 내 이마에 바코드를 새긴다.

국가는 다시 대학의 하청업체가 되어,

규격화된 인간 제품을 만들어 올려 보낸다.

그리하여 오늘 나는 대학을 그만둔다.

아니, 거부한다.

이제 대학과 자본의 이 거대한 탑에서 내 몫의 돌멩이 하나가 빠진다.

탑은 끄떡없을 것이다.

그러나 작지만 균열은 시작되었다.

– 공개적으로 대학 자퇴를 선언한 김예슬 씨의 대자보 중에서

모두를 위한 대학

어떤 이는 학벌을 통해 부와 권력을 세습하고
어떤 이는 학벌이 나쁘다는 이유로 차별을 받습니다.
어떤 이는 자본의 하청업체로 전락한 대학을 스스로 거부하고
어떤 이는 대학 졸업장보다 용접공 자격증을 자랑스러워합니다.

우리 시대의 대학,
치열한 입학 경쟁과 천문학적 등록금에 합당한 역할을 하고 있습니까?
이제는 대학의 올바른 자리를 찾아야 합니다.

Q&A

Q 도대체 우리나라 대학 등록금은 왜 이렇게 비싼 거예요?

A 이유는 간단해요. 정부가 대학교육에 투자를 하지 않고 있기 때문이에요. 대학 교육에 필요한 예산 중에서 정부가 지원하는 예산은 21.7%에 불과하죠. 이건 OECD 가입국 평균인 71.4%의 1/3도 되지 않는 비용이에요. 게다가 사립대학들이 지나친 장사속에 빠져 있어요. 해마다 엄청난 이월금을 남기면서도 등록금을 매년 올리고 있죠.

Q 어떻게 해야 대학 등록금을 낮출 수 있나요?

A 우선은 가난한 대학생들에 대한 등록금 지원부터 강화해야 하죠. 다행히 올해부터 '한국장학재단'에서 저소득층 장학금 제도를 시행하고 있지만 그 금액이 학기당 120~130만 원에 불과하답니다. 전체 등록금의 절반이 되지 않는 금액이지요. 그렇기 때문에 노회찬 후보는 저소득층의 대학 등록금 절반을 서울시가 무이자로 대출하고 취업 후 분할 상환하는 방안을 마련했답니다.

Q 현 정부도 '취업 후 상환 학자금 제도'를 시행하고 있는데 무엇이 다르죠?

A 현 정부가 올해부터 시행하고 있는 '취업 후 상환 학자금 제도'는 사실 진보정당에서 오래 전부터 요구한 '등록금 후불제'에서 나온 제도랍니다. 하지만 현 정부의 제도는 이자율이 높을 뿐만 아니라 과도한 채권 추심으로 인해 가족에게까지 피해를 끼칠 수 있습니다. '저소득층 대학 등록금 무이자 대출'은 말 그대로 이자는 한 푼도 받지 않고 원금만 갚도록 하는 제도랍니다. 또한 상환 기간을 충분히 두어 취업 후 여유 있게 원금을

갚을 수 있도록 하였답니다.

Q 서울 시립대 등록금 100만 원 공약을 하셨는데, 왜 거기만 등록금을 낮추는 거죠?

A 서울시장이 직접 관할하는 대학은 서울시립대 밖에 없으니까요.^^ 서울시장의 권한으로는 모든 대학의 등록금을 낮출 수가 없기 때문에 우선 서울시립대부터 등록금 걱정이 없는 학교로 만들어 모든 대학의 모범으로 삼겠다는 것이죠.

Q 또 서울시립대는 내신이나 수능 성적에 상관없이 학생을 뽑도록 한다구요?

A 내신이나 수능만으로는 그 학생의 진정한 능력과 잠재력을 판단할 수 없습니다. 오로지 점수 따기를 위한 공부에만 몰두한 학생들은 오히려 대학 진학 이후 실력이 뒤처진다는 연구 결과도 나왔죠. 그렇기 때문에 서울시립대만이라도 시험 성적 이외의 기준으로 학생의 다양한 잠재력을 판단하겠다는 것이랍니다.

Q 대학 간판으로 인생이 결정되는 세상을 서울시가 어떻게 바꿀 수 있나요?

A 우리 사회의 고질적인 병폐가 바로 학벌 구조입니다. 우리나라처럼 전국의 모든 대학이 한 줄로 서 있는 대학 서열화 체제는 다른 나라에서 찾아보기 어렵습니다.
서울시립대를 세계적 수준의 공교육 혁신대학으로 육성하겠다는 것은 서울시립대를 공교육의 모범으로 만들어 이러한 대학 서열 체제에 균열을 내겠다는 취지랍니다. 서울에서부터 대학 서열화를 무너뜨리기 시작해, 학벌을 따기 위한 도구로 전락한 대학을 진정한 학문의 공동체로 만들겠습니다.

Q 서울시가 운영하는 대학을 활용하는 계획이군요?

A 서울시의 자원을 공공성의 원리에 맞도록 100% 활용하는 거죠, 그것이 진보시정의 기본입니다.

서울 시립대
등록금 100만 원 공약,
가능한가요?

숫자로 보는 이야기

▶2009년 현재 국공립대 등록금 평균은 419만원, 사립대 등록금 평균은 741만원, 사립대 의대 등록금 평균은 **1004만원**으로 '등록금 천만원 시대'가 시작되었습니다. 학생들은 등록금을 마련하기 위해 휴학을 하고 편의점 알바, 주유소 알바를 하고 있습니다. 심지어 등록금 걱정에 스스로 목숨을 끊은 대학생도 있습니다.

▶대학에 돈이 없는 것이 아닙니다. 2006년에 나온 자료를 보면 총 155개 대학의 누적이월금은 **6조8천5백3억원**에 달했습니다.
이화여대의 경우 2007년 기준으로 5천4백88억 원의 이월금을 남겼습니다. 돈이 남아 있는데도 각 대학은 경쟁적으로 등록금을 올리고 있습니다. 심지어 이월금으로 주식 투자를 하는 대학도 있습니다.

1004

2

▶한국의 대학 등록금은 미국에 이어 세계에서 **두 번째로** 비쌉니다. 미국의 공립대학 등록금은 평균 5,600달러, 사립대학 등록금은 평균 20,000달러입니다. 한국의 공립대학 등록금은 평균 4,700달러, 사립대학 등록금은 평균 8,500달러입니다.

▶대학 등록금이 전혀 없는 나라도 있습니다. 덴마크, 핀란드, 아일랜드, 스웨덴, 체코, 폴란드, 아이슬란드, 노르웨이 등 8개 나라는 대학 등록금이 **0원**입니다. 이들 나라가 모두 한국보다 경제력이 높은 것은 아닙니다.

21.7%

▶한국의 대학 교육에 필요한 전체 비용 중 정부가 부담하는 비율은 **21.7%**입니다. OECD 가입국의 평균적인 정부 부담 비율은 71.4%입니다.
즉 대학 교육에 필요한 재정의 대부분을 민간에 떠넘기고 있는 셈입니다. 이 때문에 등록금 부담이 커지고 있는 것입니다.

"100만 원 대학 등록금, 실현하겠습니다"

추진 방법

① 저소득층 대학등록금 무이자 대출 제도를 시행

- 대상 : 기초생활수급권자, 차상위계층 대학생 3만여 명

- 방법 : 대학등록금 절반까지 무이자 대출, 취업 후 분할 상환

② 서울시립대를 세계적인 수준의 공교육 혁신대학으로

- 등록금 학기당 50만 원으로 인하

- 수능 성적을 자격고사화 하고 이를 대체할 학생 선발 방식 도입

- 대학의 교육 및 연구 기능 향상을 위한 대대적인 투자

기대 효과

① 3만 여명의 저소득층 대학생의 등록금 부담 경감

② 학벌사회에 균열을 내고 교육공공성을 확보

③ 입시교육을 위한 사교육비 절감 효과

소요 재원

① 저소득층 대학등록금 무이자 대출 : 연간 900억 원

② 서울시립대 등록금 경감, 교육혁신 투자 등 : 연간 570억 원

진보의 약속

우리, 건강합시다

교도소 마당에
낙엽이 떨어지면
그거 하나라도 저는 소중하게 가져와요.
떨어진 걸, 그걸 책 속에 넣어두고
심지어 교도소 주변 꽃집에 가서 사온 분재에
수인번호 336번, 그걸 써 놓고 키워요.
이 나무가 안 죽어야지
이 사람이 살아 나온다는 그런 신념으로 키웁니다.

남이 한 걸음 하면 나는
열 걸음을 꼭 해주려 했는데.
보통 이 땅의 어머니들이 하는 기도
말 없는 기도, 그것을 했을 뿐입니다.

2004년 MBC '사과나무' 방송, 노회찬 후보 어머님의 육성 중에서

우리 가족의 건강을
전담해서 챙겨 주는
주치의라니 믿음직한데요.

Q 의료 공약의 취지는 무엇인가요?

A 사람은 누구나 행복하게 살아가기를 바랍니다. 여론조사를 해 보면 행복의 조건으로
건강이 1, 2위를 다툽니다. 우리 공약의 배경은 건강한 삶을 영위하는 가장 필수적인 보
건의료분야는 누구에게나 공평하게 주어져야 한다는 것입니다. 보건의료는 사적 영역
이 아니라 공공의 영역에서 다루어져야 합니다.

Q 최근 의료보험 개정안이 국무회의에 통과되었다고 하는데 내용이 무엇인가요?

A 2010년 4월 8일 정부는 의료법 개정안을 통과시켰습니다. 개정안에 담긴 병원경영
지원회사(MSO)는 우회적 영리병원 허용 방안입니다. 의료법 개정안 외에도 이미 국
회에는 민영의료보험 활성화를 위해 국민건강 정보를 민영의료보험사에 제공하도록
하는 국민건강보험법 개정안, 의료기관이 채권 발행을 통해 자본을 조달할 수 있도록
하는 의료채권법 제정안 등이 상정되어 있습니다. 국민건강보험 제도가 크게 위협받는
것입니다.

Q 의료민영화가 되면 우리에게 어떤 영향을 미치나요?

A 가장 큰 변화는 의료비가 크게 올라가는 것이지요. 미국에서는 맹장염 수술에 900만
원이 든다고 하더군요. 돈이 없으면 치료받지 못하는 미국과 같은 사회로 변하게 되는
것이지요. 그 외 국민건강보험 부담금이 오르고, 결국에는 건강보험증으로 치료를 받
을 수 없는 의료기관이 생기게 됩니다 (건강보험 당연지정제 폐지).

Q 미국은 선진국인데 돈 없어서 치료를 못 받는 사람들이 있나요?

A 예, 그렇습니다. 미국 국민들의 30%인 무려 5,400만 명이 의료보험이 없는 실정입
니다. 영화 '식코'(마이클 무어의 영화)에서 보듯이 의료보험이 없는 국민들은 집에서
스스로 치료를 하거나, 심지어 치료를 받기 위해 쿠바로 떠나기도 합니다. 최근 미국 오

바마 정부는 이를 시정하기 위해 의료보험이 없는 3,200만 명을 의보 대상자로 하는 개혁을 실시하였습니다.

Q 하지만 그렇게 다 보살피면 국가 재정에 심각한 문제가 생기지 않을까요?
A 그렇지 않습니다. 전국민 무상의료를 시행하고 있는 영국과 스웨덴은 GDP의 8%를 의료비로 사용하고 있습니다. 그러나 의료가 민영화된 미국은 GDP의 15%를 의료비로 사용하고 있음에도 불구하고 낮은 국민건강 수준을 보여주고 있지요. 재정 문제라기보다는 의료에 대한 부담을 누가 지느냐의 문제입니다.

Q '주치의 제도'를 말하고 있는데 어떤 의미인가요? 또 '보건지소'는 무슨 일을 하게 되나요?
A 주치의 제도란 개인 또는 가족이 동네의원의 단골의사를 주치의로 정해 등록한 후, 평생 동안 진료 및 건강관리를 받을 수 있는 제도입니다. 동네 의원이나 보건지소에 등록하게 되면, 주민들은 자기 동네에서 양질의 건강증진과 질병관리 서비스를 받을 수 있는 방안입니다. 자식들도 못 챙기는(?) 부모님을 서울시가 직접 찾아가 건강을 지켜드리고자 합니다.

Q 멋진 아이디어로군요. 보호자 간병이 필요없는 '보호자 필요없는 병원'은 또 무엇인가요?
A 병원에 오래 입원하다보면 진료비도 문제지만, 환자 간병으로 인한 부담도 큽니다. 사설 간병인을 쓰자니, 월 100만 원을 훌쩍 넘는 비용이 문제지요. 직접 간병을 하다보면, 몸도 지치고 마음도 지치면서 집안 살림이 엉망이 됩니다. 각 구마다 '보호자 필요없는 병원'을 지정하여 무료로 간병 서비스를 제공하겠습니다.

숫자로 보는 이야기

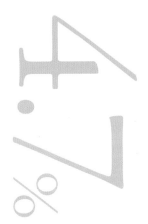

▶서울시에 있는 병원급 의료기관 263개 중 공공병원은 14개인 **5.3%**에 불과합니다. 또 전체 51,230 병상 중 공공병원의 병상은 7,109 병상(13.9%)입니다. 양질의 공공의료기관을 확충하여 시민들이 경제적 부담 없이 편리하게 이용할 수 있는 환경을 만들어야 합니다.

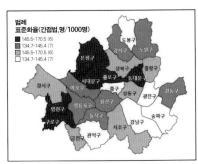

범례
표준화율(간접법,명/1000명)
- ■ 145.5-170.5 (6)
- ▨ 134.7-145.4 (7)
- ▤ 145.5-170.5 (6)
- □ 134.7-145.4 (7)

서울시 구별 고혈압 유병률

▶2010년 서울시 보건의료 예산은 전체 예산의 **4.7%**(의료급여 예산 제외 시, 1.9%). 시민들의 건강을 지키고, 질병으로부터 보호하기 위해서는 턱없이 부족한 예산입니다.
시민의 복지와 직결된 보건의료분야에 보다 많은 예산이 투여되어야 됩니다.

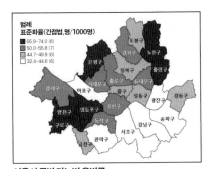

범례
표준화율(간접법,명/1000명)
- ■ 55.9-74.0 (6)
- ▨ 50.0-55.8 (7)
- ▤ 44.7-49.9 (6)
- □ 32.4-44.6 (6)

서울시 구별 당뇨병 유병률

▶2005년부터 전국에 도시 보건지소가 만들어지기 시작했지만, 서울시에는 고작 3개소에 불과합니다. 보건지소 **100개**로 확충하여 시민들의 건강증진과 질병관리 서비스를 제공하겠습니다. 또한 방문 간호사를 대폭 충원하여 전 시민의 건강을 직접 찾아가서 지켜드리겠습니다.

서울시 지역별로 고혈압과 당뇨병 유병률을 보면 서초, 강남, 송파 등 이른바 강남지역과 은평, 서대문, 노원, 중랑 등 서울 북부지역 간의 격차가 심각합니다. 같은 서울에서 건강 취약 지역을 건강생활 지역으로 지정하고, 주민의 건강 향상을 위해 집중적인 투자를 하여 전체적으로 균형 있는 건강 도시 서울을 만들겠습니다.

노회찬의 의료 정책

"건강한 서울, 의료비 걱정없는 서울을 만들겠습니다"

추진 방법
① 주민의 건강 증진, 질병 예방 서비스를 제공하는 보건(지)소를 단계적으로 100곳 확충
② '희귀난치성 질환 지원'등 4세 미만 아동 무상의료 실시
③ 건강 취약 지역 및 지역 거점 병원 육성, 건강 상담과 의료 정보를 24시간 제공하는 건강안심Call 센터 등을 우선 실시
④ 각 구별로 '보호자 필요없는 병원'을 지정(각 구별로 200병상, 총 5,000병상)하고 지원
⑤ Save Life 1000 사업(응급의료 강화)을 실시

기대 효과
① 건강 안심, 의료비 걱정 없는 체계를 만들어 시민의 복지 향상
② 총 5,050명의 안정적인 신규 일자리 창출(건강지원센터 1,500명, 방문 간호사 250명, 보호자 필요없는 병원 3,300명)
③ 획기적으로 응급의료체계를 강화하여 매년 1,000명의 심장마비 환자를 구조
소요 재원 : 보건(지)소, 방문 간호사, 보호자 필요없는 병원 등 3,600 억 원

진보의
약속

작은 도서관+작은 공원 =큰 행복

우리 동네 지도를 펴놓고 그림을 그려봅니다.

내가 사는 집을 중심으로, 5분 거리에 나무 그늘과 평상이 있었으면 좋겠습니다.

10분 거리에 책을 빌릴 수 있는 책방이 있으면 어떨까요?

아이들과 함께 앉아서 쉴 수 있는 풀밭과

동네 어귀마다 예전에 보았던 들풀들이 보였으면 좋겠습니다.

아침에 필요한 책을 말하면, 퇴근길 지하철 역에서 책을 빌릴 수 있고

회사의 조그만 공간에 '도서실'이라는 현판을 달면 매월 새 책이 채워집니다.

작은 것이 아름다운, 일상에 스며드는 문화를 꿈꿉니다.

민들레 홀씨처럼 날아올라 사방으로 흩어지며

나와 우리의 삶을 풍요롭게 해주는 '진짜' 문화를 기다립니다.

Q 먹고 살기도 바쁜데, 무슨 공원에 도서관 타령이에요?

A 서울시는 세계에서도 손꼽히는 '바빠! 바빠!' 도시입니다. 오죽하면 '론리 플래닛'이 라는 여행안내서에 서울 시민들이 '알콜 중독과 같은 상태'에서 살고 있다고 평했을까 요. 정말 제대로 된 공원과 도서관은 도시의 허파입니다. 그리고 바쁜 일상의 '잠시 쉼' 을 선사할 수 있는 일상의 보석 같은 거죠. 문고판 책 한 권 들고 나서고 싶은 조그만 공 원, 문턱이 높지 않은 자그만 도서관이 바로 일상에 쉼표를 선사할 것입니다.

Q 동네 마다 도서관을 짓겠다는 것인가요. 그렇다고 삶이 변할까요?

A 사실 우리가 책과 멀어진 것은 시간과 비용이 가장 큰 문제죠. 그것은 생활권 주변의 도서관이 생기면 해결됩니다. 선택은 자유이지만, 도서관이 없어 책을 '못 읽는다' 라는 현재의 상황을, 맘만 먹으면 '읽을 수 있다'는 상황으로 바꾸자는 것이 생활권 도서관 사 업입니다.

Q 동네 공원 대신 주차장을 지으면 더 좋을 텐데…

A 최근 동네 공원을 없애고 공용 주차장을 만들자는 의견도 있습니다. 하지만 주차장은 이용 가치가 낮은 공간입니다. 더구나 공용 주차장이 생기면 자연스럽게 교통의 흐름도 집중됩니다. 하지만 동네 공원은 다릅니다. 걷고 쉬는 장소가 10분 거리에 있다는 것은 상상할 수도 없는 일상의 풍요가 생겨나는 일입니다.

Q 그래도 건물은 좀 커야 멋도 나고 그러지 않나요?

A 사람들은 어떤 도서관을 좋아할까요? 최근 문화관광부가 도서관 이용자를 대상으로 한 조사에 따르면, 대형 도서관보다 중간이나 작은 도서관의 투자수익률(ROI)이 높다고 나왔습니다. 이용자의 지불 의사로 확인한 만족도도 훨씬 높았죠.

도서관은 책과 독서를 위한 기본입니다. 책이 건물의 장식품이 되어선 안됩니다. 우리 주

걷고 뛰고,
책 읽을 수 있는 장소가 10분 거리에
있다면 얼마나 좋겠어요!

까칠한 다인맘,
진보에게
길을 묻다

변의 으리으리한 도서관들은 혹시 그렇지 않은가요? 건물은 줄이고, 그 대신 책과 어울릴 수 있는 자연스러운 공간을 많이 만드는 건 어떨까요?

Q 아이들과 함께 손잡고 갈 수 있는 도서관이 있으면 정말 좋겠어요

A 맞습니다. 우리나라 공공시설은 대부분 단일 목적 건물이죠. 복합화를 한다고 해도 전혀 생뚱맞게 주민자치센터와 경찰서가 같이 있거나 하는 식이죠. 이용자 중심의 생각을 한다면 확 바뀌겠죠? 지금은 어린이 열람실이 부모의 열람실과 나누어져 있어 부모들은 자신의 책을 볼 수 없는 구조입니다. 어린이 열람실에 독서지도 등 별도의 서비스 지원이 가능하다면, 그리고 부모와 아이가 각자의 책을 골라 나와 같이 책을 볼 수 있는 곳이 있다면 어떨까요?

Q 또 다른 산뜻한 공약은 없으세요?

A 지하철 역사에 도서의 대출이 가능한 '지하철 공공 책방' 설립 사업, 동네 흙길 조성사업 등을 제안합니다. 그리고 아파트 내 놀이터의 모래를 정기적으로 검사하고 교체해주는 '모래병원'을 운영할 생각입니다. 직장 내 도서실을 만들면 도서구입비를 지원하고, 단독주택 단지내 화단 조성인 '동네 꽃길' 사업도 할 예정입니다.

Q 흙길은 낭만적이긴 한데, 비오면 지저분해질 듯해요.

A 최근에 흙을 만져본 적이 있으세요? 직접 만지지 않으면 느낄 수 없는 것들이 많습니다. 굳이 콘크리트로 막아두지 않아도 되는 곳은 흙의 맨살을 드러내고자 합니다. 홀씨가 날아와 들풀을 피우도록 하는 건 어떨까요? 곳곳에 피어날 민들레를 생각한다면, 콘크리트로 가득 찬 서울의 땅 위에 물이 스며들 틈은 있어도 되지 않을까요?

숫자로 보는 이야기

▶양천구에는 공공도서관이 단한 곳(2008년 기준) 있다. 서울시의 자치구 중 공공도서관이 가장 적은 자치구에 속한다. 하지만 강남구는 공공도서관이 무려 9개나 있다. 양천구민과 강남구민은 같은 서울시민이지만 공공 도서관 만큼은 **9배**나 차이나는 대접을 받는 셈.

▶2008년 서울시가 발표한 자료에 따르면, 서울시민 중 1년 동안 책을 한권도 읽지 않은 비율이 전체의 **45%**에 달하는 것으로 나타났다. 게다가 여가 시간이 생기면 독서를 한다는 비율이 6%인데 반해 45% 가량의 시민들은 텔레비전이나 인터넷을 한다고. 하긴 도서관은 멀지만 리모컨은 가까운 것이 현실이니. 그렇다면 방법은 도서관을 리모컨 처럼 손닿는 데만드는 것!

▶문화관광부의 조사 〈공공도서관의 경제적 가치 측정연구〉에 따르면, 우리나라 도서관 이용자들은 매월 **9,296원**을 지불할 의사가 있다고 밝혔다. 공공기관이 제공하는 각종 서비스 중 가장 높은 지불의사에 속하는 편이다.

▶서울시민 1인당 공공도서관 장서수가 **0.68권**(2008년)에 불과. 일본은 2003년 기준으로 4.32권, 핀란드는 2001년에 7권을 넘어섰다. 서울시는 국립도서관과 대학도서관을 합치면 1인당 4권이 넘는다고 주장한다. 책은 관람용이 아니잖아요?

▶현재 서울시의 녹지면적은 **460만 제곱미터**. 지난 3년간 변동이 거의 없지만, 세부적으로 보면 하천을 따라 조성된 연결 녹지만 소폭 증가한 반면 도시의 경관을 위해 조성되는 도시숲의 개념에 포함되는 경관 녹지는 점차 감소하고 있는 추세. 대신 2007년에서 2008년 사이 서울시 그린벨트는 230만 제곱미터가 사라졌다. 조경은 남고 자연은 사라지는 추세.

▶2004년부터 2008년까지 서울시내 시립도서관의 개수는 **22개**. 전체 공립 도서관은 85개소이지만, 시립은 변함없이 22개소에 불과하다.

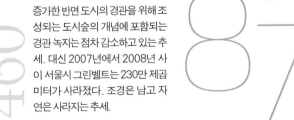

▶머서휴먼리소스컨설팅이 조사한 전 세계 200여개 도시의 삶의 질 조사 중 서울은 **87위**(2007년)에 랭크되었다. 하지만 물가는 세계 5위(2008년). 투자대비 효과면에서 보면 3등급 이하가 아닐까.

노회찬의 문화 정책

"일상에 살아 숨쉬는 '문화 민들레' 사업을 추진하겠습니다"

마을마다 도서관 천국, 지식·문화·정보가 자유로운 서울
① 주민이 참여하는 마을마다 아름다운 작은 도서관 200개소 설치
② 도서관＋전자북＋대학도서관 개방 등 '뉴-직지(直指) 프로젝트'를 통한 문화의 질 향상과 함께 신성장 동력 확보
③ 책과 문화의 홀씨를 퍼뜨리는 지하철 문화·도서관 사업 추진

동네마다 공원과 녹지를 만들어 여가 공간과 주거 환경을 개선
① 저층 주택지 동네마다 공원을 만들고 골목과 연결하는 '골목 마실' 프로젝트
② 생태와 주거 환경 개선을 위한 '한뼘 녹지' '동네 흙길' 사업 실시

추진 방법
① 주민 스스로 기획, 디자인, 운영에 참여하는 지역 '문화 민들레' 위원회 구성
② 조성 공간 확보 및 서울시 재정 투자 계획 수립
③ 건축가, 미술가, 환경전문가 등 전문가와 시민 활동가 중심의 사업단 구성

기대 효과
① 책·문화·공원을 매개로 하는 지역 공동체 활성화
② 지역별 특색있는 공공문화 공간 및 문화 향유를 위한 인프라 구축
③ 1,600여 명 이상의 안정적인 일자리 창출
④ 도서·출판·음반·영화 산업의 활성화

소요 재원
① 작은도서관 1개소 10억원×200＝2천억원
② 골목마실, 흙길조성＝2천억원(1평당 1천만원 기준)

진보의 약속

집을 사지 않아도 되기에 행복한 서울

우리 시대에 지울 수 없는 상처가 되어버린 곳, 용산.

터전을 일구고

산다는 것이 이렇게도 고될 수 있는지

깨닫게 했지요.

진보는, 약속합니다.

적어도 터전 때문에 불행해지지 않는 서울을 만들거라고.

언제까지 죄송해하고만 있지는 않겠습니다

고인들의 뒤에 남은 가족과 함께, 그리고 벗들과 함께 철거민이 없는 세상을 만들기 위해 싸우겠습니다. 언젠가는 저 뻔뻔한 사람들이 고인들의 무덤 앞에서 참회의 눈물을 흘리도록 만들겠습니다. 용산의 진실을 규명하고 책임자를 처벌하며 다시는 이러한 억울한 죽음이 없도록 법과 제도를 바꾸어 약자들이 힘을 갖는 세상을 만들 것입니다.

그때까지 고인들이시여, 오늘의 고통, 억울함, 서러움 모두 잊으시고 편히 하늘나라로 떠나소서. 먼 훗날 우리들이 새 세상에서 만날 때에는 아름다운 세상 만들고 왔노라고 같이 웃을 수 있을 것입니다.

그리고 또 한가지 테러를 진압하기 위해 테러진압부대에 배속되었다가 무모하기 짝이 없는 살인진압 명령에 강제동원되어 그 참사 과정에서 함께 운명하신 특공대원 고 김남훈씨, 돌아가신 열사들과 마찬가지로 무허가건물 옥탑방에서 기거하며 특공대원 생활을 하다 억울한 죽음을 당한 김남훈씨를 만나시거들랑 위로해주소서. 함께 손을 잡고 보듬어주소서.

그리고 남은 가족들에게 힘을 주시고 저희들에게 용기를 주옵소서. 사람이 사람답게 사는 세상을 위해 저희들은 남은 혼을 불태우겠습니다. 삼가 고인들의 명복을 빕니다.

용산참사 추도사 중에서

아내에게 미안한 이유

#1

"아이를 하나 더 낳을까 봐…… ."

어느 날 아내가 말합니다. 없는 살림에 아이 둘을 키우느라 고생하는 아내가 무슨 말을 하는 거죠.

"아니, 장기전세주택 시프트에 들어가려면 아무래도 그게 제일 빠를 것 같아서."

그 말에 울컥했습니다. 결혼 하고 붓기 시작한 청약통장으로는 바로 대상이 되지만 너무 비싼 전세값 때문에 엄두도 못 내고 있습니다. 아니, 집 얻자고 애를 하나 더 낳겠다는 거야, 어떻게 키울 건 데, 제정신이야. 괜한 자격지심에 볼멘소리가 터져 나옵니다. 눈물이 그렁한 아내를 차마 쳐다보지 못하고 집 밖으로 나왔습니다.

몇 해 전, 살던 집이 재개발한다고 떠밀리듯 나왔을 때 우리 가족 손에는 전세금하고 몇 푼 안 되는 이사비와 주거이전비가 있었습니다. 잘 아는 사람이 차라리 임대주택을 신청해서 기다리라고 했지만, 6개월에서 1년을 기다려야 한다는 말에 포기하고 말았던 것이 후회가 됩니다.

잘나간다는 중견회사에 다니는 대학 동창이 장기전세주택에 들어갔다고 해서 혹시 하고 알아본지 1년이 다 되어갑니다. "20년 동안 돈 모아서 집 사서 나갈 거야!"라며 집들이 때 자랑하던 그 친구가 미워 술만 들이켜고 말았습니다.

주택 보급률이 100%도 넘었다는 이 서울 하늘 아래에 제 가족들이 맘 편히 살 수 있는 집 한 칸이 없을까요? 아내가 좋아하는 부라보콘이나 사가지고 들어가야겠습니다.

#2

"자, 이것도 쓰고."

주인집에서 내놓은 종이엔 '각서'라고 써 있다.

"이게 뭐에요?"라고 묻자, "아니 이제 여기 재개발되는데 나중에 주거이전비니 임대주택이니 신청하지 않겠다고 쓰라"고 한다.

"그건 법으로 보장되어 있는 거잖아요?" 했더니 "아니, 그럼 보상 바라고 여기 전세 들어오는 거야? 방 안내줄 테니 나가" 라며 성화다. "아니에요, 쓸게요. 여기다 사인하면 돼죠?" 어차피 2년 살다가 다른 집을 구해야 하는데 어디 가서 또 발품을 팔까싶다.

"나도 옆집 할머니네처럼 자식이라도 있으면 데려다 살게 할 텐데, 자식은 없고 게다가 방 비워두긴 아깝고 해서 내놓은 거야. 그래도 싸게 준거라고" 주인집의 말이다.

살던 사람은 살리고
주변 지역과 조화를 이루는
공공적 재개발을
서울시가 책임져야해요!

Q 진보신당은 재개발을 반대하는 건가요?

A 주거 환경을 개선하기 위한 사업을 반대하지는 않죠. 오히려 서울시가 재정을 풀어서라도 나쁜 주거 환경은 개선해야 됩니다. 문제는 지금과 같은 뉴타운 재개발은 확실히 재검토해야지요. 원주민을 내쫓고 나서 개선되는 주거 환경이라는 것이 도대체 누구를 위한 것인가요! 살던 사람을 거리로 내모는 일방통행 식의 재개발은 절대 반대입니다.

Q 민간의 비용으로 하는데, 서울시가 이래라 저래라 하는 건 월권 아닌가요?

A 지금 뉴타운 재개발을 보면, 소수의 재개발 반대 주민이 가지고 있는 주택을 강제로 빼앗을 수 있죠(이를 '강제 수용'이라고 부릅니다). 왜 그럴까요? 그것은 기본적으로 재개발 사업이 공익 사업이기 때문입니다. 그동안 서울시가 손 안대고 코를 풀려고 해서 문제였죠. 대규모 재개발에 따른 사회적 비용이나 효과를 고려한다면, 재개발은 사회적으로 관리해야 하는 대상입니다.

Q 그래서 하는 게 '공공관리자 제도'잖아요. 그럼 된 것 아닌가요?

A 서울시는 기존의 제도를 개선한다는 목적으로 구청장이 재개발 조합의 초기 설립을 지원하는 공공관리자 제도를 도입했죠. 그동안 서울시나 구청이 제대로 관리자 역할을 못했다는 것을 인정하고 개선하려고 하는 것은 다행입니다. 하지만 그 관리라는 것이 초기의 트러블만 잡아서 속도를 내겠다는 것이라 문제입니다. 필요한 것은 속도를 빠르게 하는 것이 아니라 주변의 지역과 조화롭게 재개발되는 것이고, 무엇보다 구청이 공정한 관리자 역할을 하는 것입니다.

Q 시프트(장기 전세 주택)는 어떻게 생각하세요?

A 주택의 패러다임을 바꾸겠다며 도입된 장기 전세 주택, 즉 시프트는 장점이 많은 제도입니다. 하지만 정확하게 누구를 대상으로 하는 정책인지 모호한 점이 있죠. 이를테면, 현재 계획된 114제곱미터 시프트를 공급하는데 서울시는 8000억 원의 예산을 사

용해야 합니다. 그런 대형 평수에 들어갈 수 있는 사람은 최소 2억에서 3억 사이의 전세금이 있어야 해요. 더구나 현재 공급되는 시프트의 절대 다수는 원래 철거세입자등이 입주할 국민임대주택으로 나올 것들이었거든요. 결국 아랫돌을 빼서 윗돌에 괴는 문제가 발생하는 겁니다.

Q '임대주택'은 이미지가 별로예요.

A 대부분 90년대 초에 대규모로 공급된 영구임대주택의 이미지 때문입니다. 사실 공급된 지 20년이 가까워지지만 그동안 영구임대주택에 대한 지원은 거의 없었죠. 지금이라도 입주자에 맞는 다양한 유형을 만들고, 기존의 임대주택 단지에 대한 리모델링 사업을 통해 살기 좋은 임대주택을 만들어야 해요. 문제는 서울시의 의지입니다.

Q 임대주택을 많이 지으면, 서울시 재정만 어려워지는 것 아닌가요?

A 그렇지 않아요. 규모마다 다르지만, 보통 임대주택을 짓는데 서울시가 부담하는 비용은 전체의 최소 10%에서 최대 40%정도거든요. 나머지는 국민주택기금 등을 통해서 지원을 받습니다. 그리고 임대주택은 기본적으로 서울시의 자산이죠. 장기적인 재정 전망에 맞춰서 임대주택 공급 계획을 짠다면, 오히려 서울시의 자산을 더욱 건전하게 만들 수 있습니다. 지금처럼 수백억씩 홍보비로 까먹는 것보다는 말이죠.

Q 서울에 땅도 없는데, 일단은 높게 짓는 게 차선 아닐까요?

A 용적률을 흔히 '미래 세대의 자산'이라고 합니다. 그래서 현행 법률에서는 용적률 상한선을 지정하고 있어요. 하지만 지금까지 서울시는 가능한 용적률 전체를 선심 쓰듯이 인정해주었습니다. 결국 서울 곳곳에 병풍과도 같은 아파트 숲이 만들어지게 된 것이죠. 일본의 경우에도 부동산 버블이 한창일 때 고층빌딩 붐이 일었습니다. 그리곤 텅텅 비어버린 고층빌딩들이 사회적 문제가 되었죠. 또 바람 길을 막아 도시의 열섬 효과를 만들기도 합니다.

Q&A 7

까칠한 다인맘,
진보에게
길을 묻다

숫자로 보는 이야기

▶서울시의 전체 가구 중 **35%**는 지금 사는 집에 산 기간이 2년 이내다. 매년 반복되는 전세난은 이렇게 뿌리 없이 떠다니는 '주거 유랑'때문에 생기는 셈. 이러니 이웃사촌은커녕 이웃이랑 안면트기도 쑥스러운 상황이 반복된다. 만나자마자 이별!

▶2008년 실태조사 결과 시프트에 평균 재산이 **2억 원** 이상인 가구가 살고 있는 것으로 나타났다. 서울시 평균 전세가가 1억 1천만 원인 것을 고려하면, 시프트는 도대체 누구를 위한 것인지. 더구나 입주의 70%가 전세보증금보다 재산이 많다고. 살기위한 집까진 좋았는데, 정작 누가 살아야 하는지 철학이 없다.

▶뉴타운 재개발 사업이 진행되기 전에는 전세가 4천만 원 이하 주택이 83%에 달했었는데, 사업 후에 **0%**로 변했다. 전체의 70%가 매매가 5억 원 이상의 고급 주택으로 변한 것.
가난한 이전 주민들은 싼 집을 찾아 떠나고, 그 자리엔 고급 주택에 맞는 고급 시민들로 채워졌다. 세금 많이 걷힌다고 구청들도 희희낙낙. 결국 서민들만 낙동강 오리알이 되는 뉴타운 생존게임.

▶현재 서울시 뉴타운 사업지구는 무려 184개 구역이다. 이들의 면적을 합치면 2,686만 제곱미터에 달한다. 이 막대한 면적은 여의도의 무려 3배. 2003년 이전 30년 동안 진행된 재개발 사업 지역의 2.5배에 달한다. 결국 **75년** 동안 나눠했어야 되는 재개발 사업을 한데 몰아서 하는 셈.

▶자기 집을 가지고 있는 가구 중 3분의 1은 은행 대출금을 다달이 갚고 있는데, 월 평균 상환액이 **73만 원**에 이른다. 집은 자기 집인데, 집세를 은행에다 꼬박꼬박 내는 처지이니, 이를 '신종 사글세'라고 할 법한데. 그야 말로 집을 머리에 이고 사는 서글픈 신세. 이들 가구의 평균 주택 대출금은 1억 9천만 원에 이른다고.

▶서울시가 지난 2007년부터 2012년까지 공급하겠다고 약속한 공공 임대주택 10만호 중 2009년까지 추진된 실적은 **7,247채**. 2년 동안 7%했으니, 남은 3년 동안 93%가 남는다. 그것도 90% 이상을 뉴타운 재개발 등에서 확보할 민간 임대주택으로 채운다고 하니, 뉴타운 사업의 지지부진과 함께 10만호의 꿈은 저편으로.

노회찬의 주거정책

"뉴타운 재개발 정책을 전면 재검토, 서울시의 책임을 100% 다하겠습니다"

사람 잡는 뉴타운 정책 재검토, 순환 재개발로 서민 주거불안 해소
추진 방법
① 현행 뉴타운 재개발 지역에 대한 전면 재평가
② 주민 참여, 공공관리를 통한 재개발 사업의 책임 행정으로 비리 차단
 – 도시계획 배심원제 도입
 – 재개발 관련 공문서 온라인 공개 의무화 등

소득에 따라 반값 전세아파트, 공공임대 주택 10만호로 서민 주거안정
추진 방법
① 임대주택 건설비율 상향조정, 기존주택매입사업 등을 통한 10만호 공급
② SH공사의 사회주택 관리기능 강화

문화 · 복지가 있는 비아파트, 저층의 대안적인 '우리마을 가꾸기' 프로젝트 실시
추진 방법
① 주민과 전문가 참여, 거주지 특성을 반영한 마스터 플랜 제출
② 서울시 공적자금 투자를 통한 '우리마을 가꾸기' 프로젝트 실시
추진 효과
① 재개발 사업의 중단, 대규모 개발방식에 따른 서민 주거불안 해소
② 정보 공개와 공적 관리를 통한 지역 또는 주민 갈등 최소화
③ 아파트 중심의 재개발 방식에서 벗어나 도시환경 개선
소요 재원 : SH공사 택지 공급 사업의 이익금, 서울시의 특별 회계, 일반회계 전입금 등으로 매년 1조 원의 예산 확보

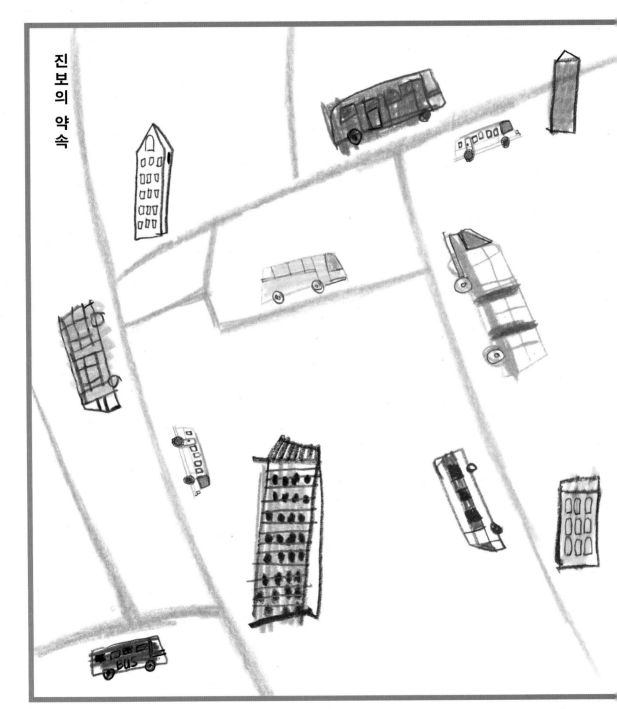

반값 정기권!
호주머니를 두둑하게

저는 정액권입니다. 기억하시나요? 지갑 귀퉁이에서 시간이 지날수록 맨질거리던 마그네틱의 광채를. 그런 제가 사라진지 벌써 6년이 지났네요. 그 때, 저는 꽤나 사랑받고 있었어요. 200백 원, 300백 원 남아있는 저는 무조건 한번은 사용할 수 있었기 때문에 절대 잔돈 취급은 받지 않았죠. 덕분에 1991년 2월에 처음 태어난 저는 13세가 될 때까지 오래 살아남을 수 있었습니다.

제가 사라진 2004년 7월, 많은 분들이 저의 퇴장을 안타까워해 주셨어요. 그래서 요즘 충격적인 컴백무대를 준비 중이랍니다. 이름하여 '반값 정기권'입니다. 요즘 서울시민들은 교통비만 한 달에 10만원에서 15만원 정도 든다죠? 그래서야 누가 버스타고 지하철 타나요. 정기적으로 대중교통을 이용하는 사람에게는 확실한 혜택을 주어야 한다는 겁니다. 우선 대중교통요금은 이용자들의 눈높이에 맞춰야겠죠? 지금은 이동 거리가 길면 요금을 많이 내지만, 저는 오히려 요금을 깎아 주어야 한다고 생각해요. 정기적으로 오래 버스와 지하철을 타는 사람들은 대부분 소득이 낮은 우리 서민들이잖아요.

제 생각은 이래요. 소득 수준과 이용량을 기준으로 교통비 부담이 큰 서민들에게는 반값 정기권을 제공하는 겁니다. 그리고 수도권 대중교통 통합이 진행되면서 점차적으로 정기 할인의 대상을 확대하는 거죠.

Q 정말 반값 정기권이 가능한거에요?

A 물론 가능하죠. 지금 서울시 대중교통은 사실상 중간에 이익을 챙겨가는 나쁜 거간꾼이 있는 셈입니다. 서울시가 50%를 투자하고도 이익은 민간사업자가 다 가져가는 지하철9호선, 시민들이 교통카드를 쓰면 쓸수록 돈을 버는 교통카드사. 이 구조만 바꿔도 요금인하에 투자할 수 있어요.

Q 음, 그것 가지곤 안될 것 같은데요?

A 당연히 서울시의 재정지원이 필요합니다. 다른 해외 도시들을 봐도 지방정부의 재정지원은 전체 수익의 50%가 넘거든요. 하지만 대중교통 활성화로 대기오염도 줄고, 교통체증에 따른 사회적비용도 줄어들게 되죠. 장기적인 안목에서 본다면 이것은 수지맞는 장사라구요.

Q 지금도 지하철이 적자라던데, 그것부터 줄여야 되는 것 아닌가요?

A 2007년 기준으로, 서울 지하철의 연간 적자는 1천억 원 수준입니다. 그런데 매년 2천억 원 정도 무임승차에 따른 손실액이라는 점을 고려하면, 실제로 지하철 운영이 적자인 것은 아닙니다. 무임승차는 당연히 사회적비용인데, 이를 지하철공사에게 떠넘기고 있는 것이죠. 그동안 서울시는 이 적자를 빌미로 지하철 요금을 올리려고 해왔던 것이구요.

Q 기관을 통합하면 정말 돈이 남을까요?

A 물론입니다. 한 예로 2008년 서울메트로와 서울도시철도공사 사장의 연봉은 각각 1억 5천만 원 수준이었습니다. 그런데 성과급을 500% 넘게 받아갔죠. 이런 식으로 무분별하게 사용되는 돈을 지하철 시설 고치고, 시민 안전을 위한 직원들 채용한다면 지금보다 몇 배 좋은 지하철을 만들 수 있습니다.

Q 교통카드 편하기만 한데, 뭐가 그렇게 문제에요?

A 교통카드는 '대중교통 통합환승제도'를 위해서 고안된 제도에요. 언뜻 요금이 낮아진 효과가 나타나지만, 그렇지 않아요. 처음에 카드 값 내죠, 게다가 환불 절차가 복잡해 포기한 잔액도 쌓이죠. 게다가 후불제 카드의 경우에는 신용카드 회사에 수수료 떼이죠, 교통카드 회사도 수수료 떼가죠. 대중교통을 많이 이용해서 생기는 이득이 시민에게 돌아오기 보다는 카드회사에게 돌아가는 구조랍니다.

반값정기권은 민간사업자나 교통카드사가 중간에 이익을 챙겨가는 구조만 바꿔도 가능합니다

Q 수도권까지 통합한다구요?

A 그럼요. 서울시 대중교통체계는 경기도와 인천을 함께 고려할 때만 의미가 있어요. 지금까진 운영자가 서울시라는 이유만으로 경기도민이나 인천시민들은 요금인상을 울며 겨자먹기로 받아들일 수밖에 없었죠. 이제 서울시가 중심이 되어서 경기도, 인천시와 함께 머리를 맞대야 해요. 과감하게 권한을 이양해 만들어진 수도권 대중교통공사(위원회)가 종합적인 계획을 만들어야죠.

Q 요금문제 말고는 교통 공약이 없나요?

A 아니오. 대중교통 육성은 '교통수요 관리정책'과 병행될 때 진짜 효과를 볼 수 있어요. 이를테면, 혼잡통행료나 일방통행로 확대 등으로 간결하고 단순한 교통망을 만들고 자가용 이용을 억제해야지만 대중교통 중심의 도시가 만들어질 수 있습니다. 물론, 그만큼 편한 대중교통이 되어야겠죠.

숫자로 보는 이야기

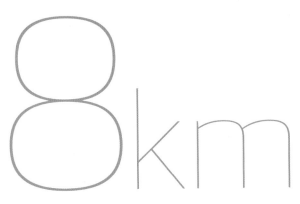

▶2009년 서울시 직장인들이 출근을 위해 이동하는 거리는 **12.8km**. 직선거리로 남산 정상에서 관악산 정상까지 해당되는데, 서울 시민들이 아침밥 든든히 먹고 나서야 하는 이유가 있다. 통상적으로 2.1회를 다른 교통수단으로 바꿔 타는 것으로 조사되었다.

▶지하철9호선을 운영하는 민간사업자에게 서울시가 보장해주어야 하는 2010년도 운임수익 기준액은 **656억**.
와우! 매장 임대수익은 고스란히 민간사업자의 주머니에 들어가고 이와 별도로 요금 수익도 일정하게 보전해주어야 한다. 그야말로 손 짚고 헤엄치기, 도랑 치고 가재잡기인 셈. 그러면, 요금과 세금으로 민간사업자 먹여 살리는 서울시민은 가재 혹은 봉.

▶2004년부터 발행된 교통카드는 3천만 장, 그에 반해 현재 사용 중인 교통카드는 1천만 장 수준. 나머지 2천만 장은 수면 중. 돈 아낀다며 마그네틱 승차권 없애고 플라스틱 쓰레기를 양산하는 셈. 이를 두고 배보다 배꼽이 더 크다고 하나요?

▶서울시 대중교통 수입 중 요금 수입이 차지하는 비율은 **90%**. 뉴욕69%, 파리 43%, 런던 40%, 베를린 35%와 비교하면, 서울시민이 지하철과 버스회사 먹여 살리는 꼴. 대중교통 육성한다는 서울시는 뒷짐만.

▶서울시가 2012년까지 한국스마트카드사에게 약속한 수익금액은 **4,213억**. 억! 억! 카드 팔아서 번 돈 다 빼고 지하철, 버스, 마을버스 카드 이용 수수료로만 보장해 준 돈이다. 아~ 그래서 교통카드가 아니면 지하철을 탈 수가 없구나.

노회찬의 교통정책

"대중교통 혁신으로, 교통비 반값 실현하겠습니다."

단순히 사람을 많이 실어 나르는 교통정책에서 '모든 시민의 교통기본권 보장'을 위한 공공교통정책으로 전환

추진 방법

① 지하철과 버스를 통합하는 대중교통 통합위원회 구성하여 통합 대중교통망 재정비

② 중복투자 방지, 운영비용을 절감을 통해 교통요금 인하 및 통근, 통학 등 정기적인 대중교통 이용자를 위한 대중교통 통합정기권 제도 운용

대기 오염, 석유 중심의 교통체계를 건강과 환경 중심의 교통체계로 전환

추진 방법

① 도심내 주차면의 축소, 자가용 운행 부제 실시 등 다양하고 적극적인 교통수요 관리정책 시행

② 도로 다이어트와 녹색 교통수단 우선 도로관리 정책 추진

③ 수도권 주요 진입거점에 대중교통 환승센터 설치 및 지역거점 순환체계 구축

기대 효과

① 지하철 공사 통합으로 비직접 경상비 축소 및 공동구매 등 예산 절감

② 스마트카드사 및 버스공영화로 발생하는 수익 및 재원 재투자 (연간 1,000억 원 추산)

③ 통합 정액정기권 발행으로 이용자의 교통요금 부담 20%~50% 경감 (가구당 년 150만 원 추산)

④ 지역 거점 환승센터를 중심으로 지역 중심 육성 및 일자리 창출

소요 재원 : 대중교통망의 재정비와 환승센터 확충, 통합 정기권 도입 운용 위해 2천억원 조성

02

콘크리트는
이제 그만!
사람에게 투자를

어머니는 늘 그를 응원합니다.
모든 어머니가 다 그러하시겠으나, 굴곡이 많았던 그의 인생을 보면
어머니의 보살핌이 더 컸음을 알 수 있습니다.
어머니는 그의 모든 것을 스크랩해주십니다.
아흔의 노모는 그 일을 멈추지 않지요.
그리고 한 귀퉁이에 이렇게 썼습니다.

'기다림을 붙이는 공부'.
정치도 그러하겠으며
산다는 것도 그러하지요.

그가 거대한 도시 서울에, 사람의 입김을 넣으려고 하는 것은
어찌 보면 당연합니다.
우리의 속도가 과연 맞는지,
우리의 방향은 또한 제멋대로는 아닌지,
이제
제대로 다듬어야 할 때입니다.

진보의 약속

한강 살리기, 생명 살리기

오리배는 살고, 오리는 떠나고.

커다란 어항이 된 한강은 콘크리트 벽에 갇혀 있습니다.

흐르는 강물은 스스로 생명을 잉태하는 법.

도도한 한강을 다시 살려 백사장에서 모입시다!

과거의 한강에서…

겸재의 진경산수 선유봉의 절경이 원래는 당인리 발전소 앞 선유도라는 이야기며
수십 가구가 오순도순 살았다던 밤섬이 사라졌다 시나브로 나타났다는 이야기며
석촌 호수가 잠실 섬을 싸고 흐르던 강물의 자취라는 이야기며
마포 나루까지 서해의 새우젓배가 모여들어 흥청거렸다는 이야기며
난지도, 중지도, 저자도들이 아름다운 모래섬이었다는 이야기며
꽝꽝 언 강 얼음을 잘라 동빙고 서빙고를 가득 채웠다는 이야기며
신익희 선생이 30만 명의 군중을 모은 유세장이 한강대교 앞 백사장이었다는 이야기며
뚝섬으로 광나루로 벌거숭이 아이들이 물장구를 쳤다는 이야기며
어르신들이 들려주는 한강 이야기는 참으로 신기하기만 하다
한강은 이렇게도 아름답고 재미난 곳이었구나

한강의 기적은 한강을 얼마나 기적적으로 바꾸어놓았나
강변도로와 층층 아파트, 콘크리트 둔치와 유람선을 남긴 채
그러나 고작해야 우리 할머니 할아버지 어머니 아버지들 시절이 아닌가
그러나 우리는 지난 30년 너를 참 못살게 굴었다는 뒤늦은 깨달음이 아닌가

그러나 아직 늦지 않았다면
오! 한강
미안하다, 하지만 이제 다시 돌아오라

···미래의 한강을 발견하다

한강종합개발사업 결과, 자연스러운 한강의 흐름이 직선화되었고 이로 인해 자연스러운 퇴적 현상이 어려워 졌다. 또한 잠실 수중보와 신곡 수중보로 인해 강 하상의 퇴적물이 쌓여 정기적으로 준설작업을 하고 있고, 이 과정에서 한강 생태계가 지속적으로 변형되었다.

한강 되살리기의 핵심은 두 수중보의 철거를 통해 계절과 강수량의 변화에 따라 한강을 자연스레 흐르게 하는 것이다. 이와 함께 노들섬 오페라하우스 건설 계획을 폐기하고 하중도와 지천 합류지점의 콘크리트 둑을 걷어내어 자연 퇴적을 유도한다. 또한 중랑천, 탄천 등 지천의 주운 계획(소운하화)도 폐기하고 자연 흐름을 보존한다.

'이촌동 백사장'을 되살리고 아름다운 섬과 새들 사이로 뛰놀 서울의 아이들을 위해, 이제 보를 허물고 서울 시민과 함께 하는 연구와 논의의 장을 만들어야 한다. 현 서울시의 한강 르네상스 사업을 중단하고, 1년 내에 새로운 한강의 청사진을 함께 만들 것이다.

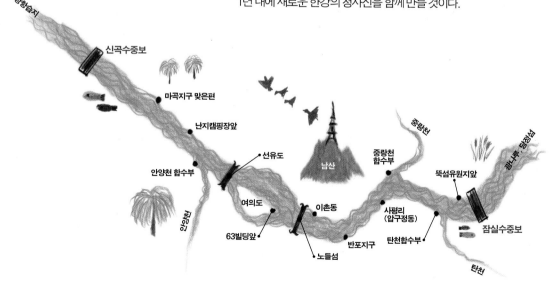

까칠한 다인맘,
진보에게
길을 묻다

Q 진보신당은 '강 이야기'를 많이 하던데. 왜 그렇죠?

A 강은 생명의 원천이고 한강은 서울의 젖줄임을 모르는 사람은 없죠. 지금 4대강 때문에 말들이 많은데 저희는 제대로 된 강 살리기를 말하려 합니다. 막힌 강을 흐르게 한다는 상식말이죠.

Q 지금 한강은 무엇이 문제인가요?

A 한강종합개발사업 결과 만들어진 두 개의 수중보(잠실, 신곡)가 결정적으로 현재의 한강 모습을 만들었습니다. 수중보로 인해 둔치 아래 늘 일정한 수위가 유지되고 직선의 제방이 생겨났습니다. 그 결과 한강은 거대한 저수지가 된 것이죠.

Q 그래서 수중보 철거를 먼저 이야기하는 건가요?

A 수중보가 철거되면 평균 수위가 0.5미터 이상 내려가고 유속이 빨라져서 모래톱 등 다양한 자연 지형이 다시 생겨나게 됩니다. 또한 빨라진 유속과 곡류 지형, 수생식물로 수질이 개선되고 더욱 많은 물고기들이 한강으로 돌아오게 될 것입니다. 아울러 서울시민은 넓어진 친수공간 속에서 더욱 다양하게 한강을 이용할 수 있게 됩니다.

Q 혹시 홍수가 나거나 하면 문제가 생기지 않을까요?

A 걱정 마세요. 한강 본류의 경우 상류 한강수계의 댐이 이미 충분하게 홍수 제어를 하

고 있으며, 또 고정식 보가 홍수를 막는 효과는 거의 없답니다.

Q 수중보를 철거하면 유람선 운행에 지장은 없을까요?

A 평균 수심은 다소 낮아지겠지만, 강 중심부에서는 유람선이 충분히 운행될 수 있습니다. 과거의 한강도 유람선이 운행하는 세느강, 템즈강 보다 수심과 수량이 충분했습니다. 그리고 모래톱과 풍부한 식생 사이로 작은 배(황포돛배 포함)들이 다니는 게 보기에도 좋고 관광자원으로의 활용 가치도 높습니다.

식생 사이로 작은 배들이 다니는 게 경관만 보더라도 더 좋고 관광자원으로의 활용 가치도 높겠군요.

Q 먹고 마시는 데는 영향이 없을까요?

A 잠실대교 상류의 취수원은 이미 팔당대교 인근으로 이전 계획이 있으므로 거기에 맞추어 추진하면 지장이 없습니다. 한강 하구의 농업용수 역시, 갈수기 만조 때 역류가 발생한다 하더라도 염수가 행주대교 상류까지 올라오는 것은 아니므로 문제가 없습니다.

Q 수중보를 없애면 자연 지형이 얼마나 회복될까요?

A 이미 한강의 흐름과 둔치와 제방 등 주변 지형이 바뀐 만큼, 수중보 철거 이후 진행될 침식과 퇴적을 정확히 예상하기는 어렵습니다. 하지만 대한하천학회에서는 수중보 철거로 10% 가량 수면적이 줄어들고 물밑 지형이 드러날 것으로 추정하고 있습니다. 한강종합개발 이후에도 마포 밤섬, 미사리 당정섬은 상당히 큰 규모로 되살아났고, 여의도 63빌딩 앞, 뚝섬 앞 중랑천 합류지점, 반포 일부, 탄천 합류지점 등에서 퇴적이 진행되고 있습니다. 수중보가 철거되면 유량과 유속의 변동이 심해지면 퇴적은 더욱 가속화될 것입니다.

숫 자 로 보 는 이 야 기

▶오세훈 시장이 각종 한강 르네상스 사업에 쓰는 예산은 **5600억 원**. 한강의 자연성을 회복한다며 한강 7개 지역 62km구간을 자연형 호안으로 조성하는 사업에 들이는 돈은 941억 원.

그러나 자연형 호안은 콘크리트 제방 아래 석재를 박아놓은 것일 뿐, 사람도 물고기도 가까이 하기 힘든 구조물에 불과하다. 이에 비해 모래와 수생식물을 자연스레 불러들인 암사동 구간 생태복원 사업에 들어간 돈은 겨우 38억 원. 물론 밤섬이 스스로 되살아나는데 들어간 돈은 0원이다.

하천 생태 복원의 글로벌 트렌드

미국의 경우 1912년부터 총 650개 이상의 보나 댐을 철거했고, 일본도 326개의 농업용수 취수보가 이미 철거되었으며 야스오카 댐과 미츠우치 댐 등의 대형댐 철거 논의도 활발하다. 하천의 유역을 넓게 하여 범람과 퇴적 지역을 확보하는 것이 홍수 예방과 생태계 유지에도 좋은 방안이라는 것이 최근의 치수 패러다임이다.

▶COD(화학적 산소 요구량)으로 한강의 수질을 살펴보면, **2급수**이던 한강물은 잠실수중보를 지나 뚝도에 이르러 **3급수**로 나빠지고, 노량진에 가서는 **4급수**로 떨어진다. 수천억 원을 들여 하수 처리시설을 만들고 수질 정화 프로그램을 가동했지만, 2000년 이후 수질이 계속 나빠진 이유는 잠실 수중보와 신곡 수중보가 한강 물을 가두었기 때문.

자연형 하천, 서울 시민들도 원하는 것

독일 뮌헨시를 흐르는 이자르(Isar) 강은 현재의 한강과 같이 둑으로 둘러싸인 강이었지만, 뮌헨시가 1995년부터 자연형 복원을 진행한 결과 다시 자연의 숨결이 돌아오고 시민의 사랑을 받는 휴식처가 되었음은 잘 알려진 사례다.

서울시민들 역시 오세훈 시장이 제안한 한강운하 계획보다는 한강의 생태 복원에 더욱 높은 호감을 보인 바 있다. 진보신당의 여론조사 결과 전체 응답자의 57.6%가 생태복원을 원했고, 특히 40대 이하 젊은 층에서 생태복원에 대한 지지도가 60% 이상을 보였다.

▶1956년 5월, "못 살겠다 갈아보자"를 외치던 민주당 대통령후보 신익희의 연설을 들으러 온 군중은 **30만 명**. 당시 서울 총 인구는 150만 명, 유권자는 70만 명이었다. 이 30만 인파를 수용한 유세장은 다름 아닌 이촌동 한강 백사장. 이 모래는 파헤쳐져 한강종합개발사업과 강변아파트 건설 사업에 투입되었고, 서울의 가장 유명했던 백사장도 사라졌다.

노 회 찬 의 한 강 정 책

"한강 수중보 철거로 한강 백사장과 습지를 복원하겠습니다"

추진 방법

① 한강운하 조성, 지천 주운(마리나) 계획, 노들섬 오페라하우스 추진 계획 백지화

② 한강 르네상스 사업의 전면재검토와 한강복원 방안 수립을 위한 시민위원회 구성

③ 잠실, 신곡 수중보 철거와 수변 생태 복원 마스터플랜 작성

④ 중앙 정부 및 경기도, 인천시와 협조하여 한강 복원 사업 연차 추진

기대 효과

① 한강의 수심이 평균 0.5미터 이상 하강하고, 유속 상승

② 한강변에 모래톱, 여울, 습지, 버드나무 군락 등 다양한 자연지형 형성

③ 빨라진 유속과 곡류지형, 수생식물로 인하여 한강 수질 개선

④ 한강 서식 어류, 조류 등 야생 동식물 다양화

⑤ 시민들의 친수공간 확대, 한강변 이용 패턴의 다변화

소요 재원

마스터플랜 작성을 위한 연구비와 수중보 및 호안철거 비용으로 2,000억 원. (한강 운하 및 지천 운하를 위한 예산 5,355억 원을 전환하면 쉽게 조달 가능)

진보의 약속

열려라, 광화문

광장은 본래 만남이다.

잔디와 꽃을 상전으로 모시는 시민이 아니라면, 우리는 누군가를 만나기 위해
광장을 찾는다. 이순신 장군과 세종대왕만 알현하고 싶은 시민은 없을 게다.
세계 최대의 중앙분리대에 답답하게 갇히고 싶은 시민은 더욱 없을 게다.
신문고를 울리기는커녕 푯말 하나 제대로 들지 못하는
불통(不通)의 광장에 우리는 상상의 숨결을 불어 넣고싶다.
서울 사람 모두가 한 가지 두 가지씩 놀 것과 팔 것을 지니고 와서
나누는 광장은 어떤가. 차량에 쫓겨 다닐 걱정 없이
교보문고로 세종문화회관으로, 복원되는 광화문까지 두리번거릴 수 있는 광장은 어떤가.
땡땡 종을 울리는 전차가 색색의 사람들을 싣고 시청으로
남대문으로 종로통으로 향하는 광장은 어떤가. 혹자는 떠들고 혹자는 연주하고
또 혹자는 귀를 기울이는 광장은 어떤가.

광장은 본래 그런 곳이다.

Q 서울 도심 광장의 문제는 무엇인가요?

A 광화문 광장, 청계 광장, 시청 광장은 시민의 교류와 휴식의 공간이어야 합니다. 하지만 전시성 구조물과 형식적 프로그램으로 구성되어 위압감만 주지요. 서울의 대표 거리에 갔는 데 볼 것도 없고 할 것도 없는 꼴이죠.

Q 광화문 광장에 가면 정말 볼 것도 별로 없고 경찰만 가득해요. 왜 이렇죠?

A 2009년 개장한 광화문 광장은 '세계 최대의 중앙분리대'라는 조롱 속에 사실상 광장이 아닌 전시물로 전락했습니다. 애초 좌우 차량 통행을 그대로 둔 채 가운데 광장을 조성한다는 발상 자체가 한계를 지니고 있었죠.

Q 하긴 새로 생긴 광장에서는 2002년 월드컵 응원이나, 촛불집회는 이제 다시 못 하겠구나 하는 생각이 들긴 했어요.

A 그렇죠. 광장은 본디 다양한 사람들이 자유롭게 만나 이루어지는 현재진행형의 공간이지요. 요즘은 학교에서 단체로 현장학습을 나온 어린이들이 많더군요. 정부에 비판적인 모든 행사 또한 서울시와 경찰이 불허하다 보니까 계엄 하의 거리가 된 느낌입니다.

Q 그래도 청계 광장이나 시청 광장은 시민들에게 호응을 얻지 않았나요?

A 청계 광장 역시 주변 거리나 광장과의 연계성이 부족해 숨어있는 공간으로 머물러 있습니다. 또 시청 광장은 잔디와 시민을 모두 혹사시키는 기형적인 공간이 되었죠. 잔디 자체가 상전이자 애물단지로 관리 비용을 가중시키고 광장을 찾는 시민들은 나무 그늘이나 벤치가 없어 오랜 시간 머무는 것이 불가능한 형편입니다. 한마디로 '보기만 좋은 떡'인거죠.

트램이 다니는 서울,
마음대로 뛰놀 수 있는 광장,
생각만해도 멋져요!

까칠한 다인맘,
진보에게
길을 묻다

Q 외국 관광객들도 서울에서 가 볼 곳이 없다고들 해요. 서울 도심이 파리의 샹젤리제처럼 될 수는 없을까요?

A 바로 광화문, 청계, 시청 광장을 잇는 가로축과 공공용지가 서울 도심의 활력을 불어넣을 수 있는 열쇠입니다. 여기부터 종로, 청계로, 을지로의 격자망을 걷고 싶고 보고 싶은 거리로 엮어 관광객과 시민의 시선과 발을 끌어당기면 좋겠죠. 서울도 여느 세계 도시 못지않은 찾고 싶은 도시가 될 것입니다.

Q 광화문 광장 차량 통행을 막는다고요?

A 시청 광장이나 청계천을 조성할 때도 교통 대란의 염려가 있었지만 차량 통행을 적절히 분산 유도해서 곧 안정을 찾았습니다. 마찬가지로 세종로를 이용하는 대중교통 수단에 대해서는 버스 환승 센터 건설과 무가선 트램(tram) 같은 대안을 강구할 것입니다.

Q 트램은 다소 생소한데요?

A 실은 60년대까지 사대문 안을 운행하던 전차가 현대화되는 것입니다. 버스와 같은 노면을 사용하고 배기가스나 소음, 충전선도 없으며, 건설 비용은 지하철의 1/10에 불과한 친환경 교통수단입니다. 광화문부터 서울역까지, 종로 1가에서 동대문까지 트램이 운행되면 서울의 큰 볼거리가 될 것입니다.

숫자로 보는 이야기

▶광화문 광장 이순신 장군 동상 주변에 새로 조성된 300여 개의 바닥 분수는 이순신 장군이 12척의 군함으로 133척의 적선을 격파한 명량 해전과 23전 23승의 불패 전적을 상징해 **분수 12 · 23**으로 명명되었다. 이해하기도 외우기도 쉽지 않다.

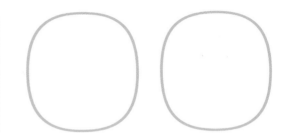

▶2008년 우리나라를 뜨겁게 달군 광우병 미국산 쇠고기 수입 반대 촛불집회에 모인 사람들은 연 인원 **100만 명**으로 추산된다. 특히 6.10항쟁 21주년에는 20만 명의 시민들이 세종로 앞부터 시청, 서울역까지를 가득 채우고 스스로 시민의 광장을 선포했다.

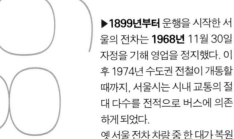

▶**1899년부터** 운행을 시작한 서울의 전차는 **1968년** 11월 30일 자정을 기해 영업을 정지했다. 이후 1974년 수도권 전철이 개통할 때까지, 서울시는 시내 교통의 절대 다수를 전적으로 버스에 의존하게 되었다.
옛 서울 전차 차량 중 한 대가 복원되어 지금 서울역사박물관 마당에 전시되어 있다.

▶서울 시청 광장(1만3207㎡ · 3995평) 중 잔디가 깔려 있는 부분은 6449㎡(1954평)이다. 잔디는 네모난 모양의 뗏장을 벽돌처럼 붙이는 식으로 교체하는데, 이런 교체와 유지 관리를 위해 한 해에 드는 비용은 평균 **2억 원** 가량이다.
2004년 조사에 따르면 서울 광장의 평당 유지보수비는 상암 공원의 14.5배, 여의도 공원의 9.8배에 달한다. 한편 광화문 광장의 관리 비용은 개장 첫 두 달 동안만 3억 6천 7백만 원이었다.

"소통의 광장, 역사 문화의 거리로 도심을 가꾸겠습니다"

추진 방법

① 광화문 광장 전체를 광장화하여 광장 본연의 기능 회복

② 시청 광장에 나무, 벤치, 분수 , 정원이 어우러진 광장으로 재조성

1단계 : 러시아워, 공휴일에 광화문 광장의 일반 차량 통행 제한 및 보행권 강화

2단계 : 세종로 전체 차량 진입 방지턱 설치, 및 우회도로 신설로 전체를 광장화

3단계 : 경복궁 및 광화문 복원 시점에 맞추어 도심 무가선 노면전차(2층 트램) 도입

③ 세운상가 부지를 공영 저층 문화예술 거리(corridor)로 조성하여 문화예술의 허브 구축

④ 국립현대미술관 예정지를 규장각/사간원 터 및 종친부 터로 복원

⑤ 서울 성곽 보존 및 복원(장충체육관에서 혜화문 성곽길까지)

기대 효과

① 역사와 서울의 중심 거리로서 상징화

② 서울 중심광장과 가로로서의 걷고 싶은 거리 및 도심활력 창출

③ 시민들의 자유로운 회합, 발표, 놀이 공간을 제공할 수 있는 넓은 공공면적 확보

④ 트램 운행으로 대중교통 이용활성화와 도심 온실가스 저감효과

소요 재원

① 광장 구조 개편 등 : 500억 원

② 트램시설 : 500억 원 (노면전차 건설비는 지하철이 1/10 수준임)

③ 문화예술 거리 조성 : 5,000억 원

진보의 약속

이젠, 일과 함께
'쉼'을 이야기 할 때

```
while()
       {
if (alive)
working;
      else
break;
       }
while ( isAlive() ) {
workAgainNAgain();
       }
```

'월화수목금금금'의 야근 실태를 표현한
한 IT 개발자의 인터넷 댓글
('살아 있는 한 일해라, 그 외 경우에 일을 멈춰라'
'살아 있는 한 일하고 일하고 일해라'라는 의미의 컴퓨터 프로그램 명령어)

숫자로 보는 이야기

60000

71.2

▶한국 노인들의 노동시장 완전 은퇴연령 **71.2세**. OECD 가입국 평균 은퇴연령 63.5세. 그렇다고 늦게까지 정년이 보장된다고 오해 마시길, 주요 직장 퇴출은 50대 초반. 나머지 20년은 대부분 비정규직 신세.

▶경제 성장이 1% 이뤄질 때 시장에서 만들어지는 일자리 수는 **5.7만에서 6.9만 명 사이**. 경제 성장만으로는 충분한 일자리 창출이 어려움, 적극적인 공공복지 일자리 창출이 필요.

68.5

▶대한민국 평균 남녀가 1년 동안 일하는 시간 2,316시간. OECD 평균 연간 노동시간 1,768시간. 하루 8시간씩 **68.5일**을 더 일하는 셈. 고등학생 겨울방학은 40일.

340

▶2010년 실업자는 121만 6천 명. 공식 실업자 외 구직단념자/취업준비생 등 사실상 실업자는 **340만 명**. 사실상 실업자 461만 명.

1,269,037

▶2,000시간 초과 노동시간을 추가고용으로 전환하면 **1,269,037명**의 추가 고용 가능. 100인 이상 사업장만 한정할 경우 408,781명 추가 고용 가능.

"강박관념에 사로잡힌 학생들은 밤새 공부한다. 초과 근무는 빈번하다. 복지가 없기에 삶은 경쟁적이고 스트레스 적다. 건강보험과 주택은 당신이 일해야만 얻을 수 있다. 사회보장제도가 빈약하다는 것은 세금이 적다는 뜻이지만 뒤집어 보면 모든 것을 스스로 준비해야 한다는 것을 뜻한다."
– 세계적 여행 전문지 〈론리플래닛〉 서울편 중에서

4.1

▶평균 한 직장에서 일하는 기간은 한국이 5.9년. 스웨덴 11.5년, 프랑스 11.2년, 독일 10.3년, 아일랜드 9.4년, 영국 8.3년, 미국 6.7년. 유럽 노동자에 비해 약 **4.1년** 더 심각한 고용 불안. 854만 명의 비정규직, 이는 전체 노동자의 53.9% 일하는 사람 2명 중 한 명은 비정규직, 당신 친구 중 절반은 비정규직.

노회찬의 일자리 정책

"복지·녹색 일자리와 노동시간 단축으로 70만 일자리 창출하겠습니다"

추진 방법

① 안정적 복지 일자리 17만 명 창출
- 국공립 어린이집 확충, 보건(지)소, 보호자 필요없는 병원, 작은 도서관 등

② 녹색일자리 8만 명 일자리 창출
- 주택건물 에너지 효율화 사업, 저소득층 주거 난방 개선 사업, 폐유수거 등

③ 노동시간 줄이기, 일자리 나누기 사업을 통해 25만 명 일자리 창출
- 서울시 및 산하 공공기관 노동시간 상한제(연간 2,000시간) 실시
- 노동시간상한제, 일자리 나누기 참여기업에 대한 추가 고용지원금 또는 휴가비 지원

④ 전자도서관 프로젝트 등 IT산업, 재생에너지 산업 등 신성장 산업 활성화

⑤ 공공부문 비정규직 사용 사유 제한 및 단체협약으로 비정규직 남용 및 차별 시정

⑥ 고용안정기업우대제를 실시하여 서울시 및 산하 공기업 위탁 사업 입찰 심사 기준에 고용안정 지수 포함시켜 민간 기업의 고용안정을 유도

소요 재원

① 일자리 창출 : 복지, 녹색정책 및 시 정책 추진 결과임
② 노동시간 단축 지원 소요 재원 : 4,500억 원 (1인당 60만 원, 3개월)
③ 공공부문 비정규직 5만 명 정규직 전환 : 2,550억 (4년 간 매해 637억)

태양과 바람의 도시 서울

새마을 운동은 우주소년 아톰과 함께 왔습니다. 석탄 석유를 때며 경부고속도로를 놓았고
원자력 로봇이 미래를 밝혀줄 것이라 믿었습니다.

그러나 기후 변화, 자원 고갈의 시대는 새로운 주인공을 원합니다.
굉음을 울리는 인더스트리아를 허물고 태양과 바람의 나라 하이하바에 정착한 코난처럼.
적어도 우리의 아이들은 이제 코난의 시대에 살게 해야 합니다.

전국의 자원과 전기를 빨아먹는 천만 거대도시 서울에 해답이 있습니다.
서울이 에너지 소비를 효율화하고 온실가스 배출을 줄이면 원전 증설은 안해도 됩니다.
서울의 폐식용유가 바이오 디젤이 되면 석유 없이도 마을버스가 골목을 누비게 됩니다.
서울에서 학교 급식, 집단 급식에서 우리 농산물 이용을 책임지면 한국 농업도 살아납니다.
서울의 빗물을 저금통에 모으면 물이 부족해 강을 막는다는 핑계도 더 이상 필요 없습니다.
진보신당의 네발 자전거는 코난의 시대를 앞당기는 꽃마차입니다.

Q 서울이 에너지에 대해 고민해야 하는 이유는 무엇인가요?

A 서울은 에너지 과소비 시스템에다가 인구와 산업이 집중되어 있어요. 때문에 '전국 에너지의 뱀파이어'라고 불리기도 합니다. 녹색연합이 2007년 조사한 결과에 따르면, 서울의 CO_2 배출량은 4237만톤으로 경기도에 이어 2위를 차지했고, 비율로는 12%를 차지했습니다. 특히 서울과 경기도가 가정·상업 부문에서 발생시킨 CO_2량은 전체 지방자치단체 발생량의 약 53%를 차지하지요.

Q 에너지 절약도 좋지만 경제 성장을 중단할 수는 없잖아요.

A 지금과 같은 승용차 중독, 석유 중독 사회는 다가오는 석유 정점(피크오일)과 온실가스 감축 체제에 대응할 수 없어요. 때문에 지속가능한 경제체제가 될 수도 없습니다. 이후 더 많은 비용을 들여야 할지도 모르지요. 때문에 하루라도 빨리 '녹색경제' '녹색사회'로 전환하는 것이 경제적으로도 더 유리합니다.

녹색 홍보보다 중요한것은 에너지와 자원을 실제로 절약하는 서울시를 만드는 것!

Q 그래도 서울시는 녹색사업을 많이 해오지 않았나요?

A 한강 르네상스 사업에서 보듯 '녹색'이라는 이름으로 자연 생태와는 거리가 먼 인공 구조물과 조경이 대부분이었죠. 자연과의 공존을 해치고 토목 중심의 경제와 행정을 지속하고 있습니다. 신재생 에너지 보급 비율이나 대중교통 개선 정도를 보아도 서울시의 노력은 미미한 수준입니다.

Q 서울이라는 큰 도시가 사용할 에너지를 스스로 만들 수 있나요?

A 그럼요. 실제로 외국에서도 도시에서 가동할 에너지를 스스로 만들어 활용하려는 시도가 많지요. 미국 델라웨어 대학의 존 번 교수는 서울시에서 사용하고 있는 에너지의 3분의 1을 서울 시내 건물 지붕의 태양광 발전으로 충당할 수 있다고 말하기도 한답니다.

Q&A 7

까칠한 다인맘,
진보에게
길을 묻다

Q 폐식용유로 바이오 디젤을 만든다고 했는데, 충분한 양이 확보될 수 있을까요?

A 현재 패스트 푸드점, 단체 급식, 식당 등에서 발생하는 폐식용유가 일부 수거되고는 있지만 미흡합니다. 이를 바이오 디젤로 전환하여 수송용 에너지로 활용되는 경우 또한 미미한 상황입니다. 하지만 강동구 관내 초중학교 네 곳에서 수거되는 양으로 만드는 바이오 디젤(BD20) 생산량만 연간 4,012리터로 청소 차량 연료의 4%를 감당하고 있어요. 잠재력은 충분합니다.

Q 정의로운 사회를 발전시키는 데, 에너지가 왜 중요하지요.

A 사회가 성장하기 위한 가장 기본적인 동력이 에너지입니다. 하지만 이제껏 에너지 사용에 대해 우린 막연한 낙천주의만 가졌죠. 에너지가 사람들을 위협할 수도 있는 중요한 시대와 만났는데도 말이지요. 특히 에너지 빈곤층은 최소한의 가스와 전기도 이용하지 못해 어려운 생활을 하지요. '복지'의 중요한 축에 에너지가 있는 것도 그런 이유에서입니다.

Q 서울시에서 짓는 농사는 낭만적이겠지만, 역시 부지 확보가 어렵잖아요.

A 서울시 토지를 보면 밭은 145.88109ha, 논은 174.0841ha가 서울시 소유로 분류되어 있으나 이용 현황에 잡히지 않는 공유지입니다. 이 중 일정 규모를 '시민농원'의 형태로 운영하려고 합니다. 여기에 구청의 소유로 분류된 나대지까지 합하면 토지는 많아집니다. 또한 옥상 텃밭, 학교 텃밭, 상자 텃밭 등 다양한 형태로 도시 농업을 장려할 필요가 있습니다. 런던이나 아바나 같은 다른 나라 대도시들도 매우 다양한 규모와 형태로 도시 농업을 확산시키고 있답니다.

숫자로 보는 이야기

2.4°C

▶한반도의 평균기온은 1910년대 12°C를 약간 넘었으나 1990년대엔 13.5°C로, 지난 100년 동안 1.5°C나 올랐다. 이는 지구 전체의 평균 기온 상승폭인 0.6°C를 2배나 넘는 수치.
같은 기간 서울의 연평균 기온은 **2.4°C**도 상승했다. 철갑 두른 저 소나무는 남산에서 더 이상 찾기 어려워질지 모른다.

▶서울시는 지난 2007년 C40(도시 정상회의)주최 도시로 선정됐다. 이후 '친환경 에너지 선언'을 통해 서울시 배출 온실가스를 2010년까지 1990년 수준의 20% 감축, **2020년**까지 25% 감축하겠다고 약속했다.
그러나 서울시의 보고서를 따르더라도 서울시의 온실가스 예상배출량은 2010년 4700만 CO_2톤, 2020년 5200만 CO_2톤에 달해 기준년도 수준에서 제자리 걸음을 하거나 오히려 늘어날 전망이다.

2020

▶한국의 2007년 전체 에너지 생산량에서 신재생 에너지 공급 비중은 1.4%로 세계의 주요 30개국 중 꼴찌였다. 서울의 신재생 에너지 이용 비율은 **0.6%**로 전국에서도 하위권이며, 이마저도 쓰레기 소각을 활용한 공공부문의 폐기물 사업이 대부분을 차지한다.

0.6%

▶서울시의 도로 청소에 사용되는 물의 양은 1km 청소에 약 0.5톤~1.5톤 가량으로, 톤당 1,200원의 가격을 지불한다. 도로청소용 물값이 연간 **100억 원**이라는 이야기. 하지만 서울시의 빗물 이용 시설은 66개 밖에 되지 않으며, 이도 대개 신축 대형 건물의 시설들이다. 서울시의 주택과 아파트에 빗물 저금통을 설치하여 이를 수돗물의 대체 용수로 사용할 경우에 서울 시민은 연간 220억 원의 수도 요금을 절약할 수 있다.

100

130

▶소득 대비 에너지 비용 부담이 10% 이상인 가구로 정의되는 에너지 빈곤층은 정부 통계로도 2006년 120만 가구에서 2008년 **130만** 가구로 꾸준히 증가하고 있으며, 서울시 가구 중 무려 10.3%에 이른다. 이러한 빈곤층은 주택단열 미비와 전기난방 비용 때문에 더욱 큰 어려움을 겪으며, 이용료 미납으로 전기와 가스가 끊기기도 한다. 에너지 복지가 사회복지의 필수적 부분인 이유다.

노회찬의 에너지 정책

"에너지와 자원이 순환하는 녹색 서울을 만들겠습니다"

추진 방법

① 중대형 건물에 '에너지 효율등급제' 도입, 노후 주택 · 건물 에너지 효율화 사업 지원

② 폐식용유 수거, 바이오 디젤을 이용한 공용 차량(마을버스) 운행

③ 서울시 '발전차액 지원제도'로 태양광, 풍력 등 재생 에너지 설치 확대

④ 저장된 빗물을 서울시가 매입/사용하는 '빗물 저금통 사업' 추진

⑤ 서울시 소유 토지, 건물 옥상, 학교 텃밭 등을 활용하는 '도시 농업 프로젝트' 실시

⑥ '서울시 에너지 기본권 조례' 제정으로 에너지 빈곤층 지원

기대 효과

① 서울시 에너지의 효율화와 재생으로 에너지 소비를 혁신하여 신규 원전 건설 저지

② 2020년까지 1990년 기준 25% 온실가스 감축, 신재생 에너지 10% 실현

③ 저소득층 에너지 기본권 실현, 주택 에너지 소비 절감

④ 빗물 재활용으로 서울시민 수도 요금 절감과 서울시 청소용수 예산 절감

⑤ 도시 농업 확산으로 서울시민 건강과 도심 생태 환경 향상

소요 재원

① 저소득층 노후주택 지원사업 : 가구당 130만 원×20만 가구 =2,600억원

② 기후변화기금 등을 통해 바이오디젤 생산 설비 비용 지원

진보의 약속

모여라, 천만인 오케스트라

잠깐, 아이들의 음악 소리에 귀 기울여 보실래요?

서울에서 사는 일은 1분 1초를 쪼개어 전투 중인데 웬 사치냐고요?

'디자인 서울'을 외치는 데 우리는 정작 팍팍하기만 한 하루하루를

견디고 있는 것은 아닌지요.

거대한 문화는 이제 그만!

맛있는 삶에 대한 욕구에 불을 지펴줄

작고 소곤거리는 문화 정책이 여러분을 찾아갑니다.

누구나 악기 하나쯤은 다룰 수 있는 서울.

그래서 천만인이 제각각의 삶으로 위풍당당해지는 서울.

그 청사진을 준비했습니다.

까칠한 다인맘,
진보에게
길을 묻다

Q 이미 서울시에서도 아이들의 예술 교육을 지원하고 있지 않나요?

A 네. 그렇죠. 서울복지재단과 서울문화재단이 공동으로 하는 '예술로 희망드림' 사업을 작년부터 시행하고 있습니다. 대상자는 서울복지재단에서 하고 있는 희망드림 통장과 꿈나무 통장의 가입자로 한정되어 있죠. 좋은 사업이긴 한데, 대상자가 너무 한정되어 있고 지원 기간이 짧다는 것이 문제입니다.

Q 그렇다면, 진보신당의 정책방향은 다른가요?

A 진보신당은 화살표가 그려진 백지를 제안합니다. 길을 제안하는 일을 서울시가 하고, 백지를 채워가는 것은 여러분에게 열어 놓는 것입니다.

Q 서울시에서 만든 공공문화시설도 꽤 있잖아요?

A 그럼요, 큰 것만 해도 서울시립미술관, 서울역사박물관, 세종문화회관 등 서울을 대표하는 문화시설들이죠. 하지만 이 시설들이 제 기능을 잘하고 있는 지는 모호합니다. 그것은 문화기관의 독립성과 관련 있습니다. 한 예로 서울시립미술관은 2008년 사업 타당성 논란이 현재까지 되고 있는 '한강 르네상스기획전'을 개최했습니다. 그리고 작년 세종문화회관의 창작 지원사업으로 뽑힌 오페라의 내용은 '광화문 광장'으로 논란을 낳기도 했습니다.

Q 좀더 구체적으로 문제점을 지적해주세요.

A 서울시립미술관에서 진행 중인 시민 미술 아카데미의 경우 전체 8개 중 5개가 방과후 프로그램이고, 단 3개만 일반 시민 대상 프로그램입니다. 특히 주부를 대상으로 하는 강좌의 경우에는 아이들이 어린이집에서 돌아오는 시간인 3~4시에 맞춰 진행되고 있는

국적 불명의 전시성
페스티발 대신
동네예술가들이 시민 예술가들을
만나도 쪽 합시다!

실정이죠. 공공기관인 세종문화회관에서 운영하는 프로그램 중 6개월에 480만 원하는 강좌가 있다면 믿으시겠습니까? 최소가 22만 원입니다. 보통이 50만 원이구요.

Q 그래도 축제도 하고, 공연도 매일하고 많이 바뀌었잖아요?

A 원래 하이서울 페스티발은 시민참여형 축제로 구상된 것입니다. 하지만 매년 열리는 하이서울 페스티발 어디에 시민들의 참여가 있죠? 시민들은 서울시와 기획사가 내놓은 공연을 보기만 할 뿐입니다. 서울광장에서 열리는 공연비용은 2010년 기준으로 하루에 1,500만 원꼴입니다. 그 정도라면 일년 동안 지역의 조그마한 어린이 오케스트라 30곳 정도는 만들 수 있는 재원입니다.

Q 그런데 지금도 자치구마다 문화예술회관이나 아트홀은 있어요.

A 충무아트홀은 중구청 문화재단에서 운영합니다. 얼마 전에 개관 5주년이었죠. 제일 비싼 좌석이 31만 원, R석이 26만 원, S석이 21만 원이었습니다. 천여 개의 좌석 중 절반 이상을 차지했습니다. 그리고 C석이 3만 원. 그마저도 2층, 3층 맨 구석. 서울시 공공 공연장의 현주소를 잘 보여주는 사례입니다.

Q 하긴 우리 식구가 단체로 공연을 관람한 게 언제인지 모르겠어요.

A 우선 지금처럼 시설 중심의 예술가 지원정책에서 '생활지원형 사업'으로 바뀌어야 합니다. 그것과 지역의 소규모 예술교육이 병행되어야 하는 거죠. 한 예로 '우리 동네 예술가' 사업을 제안합니다. 미술가에겐 '동네 아뜨리에'를 만들어 주고, 사진작가에겐 '동네 사진관'을 만들어 드립니다. 연극가와 음악가에겐 지역 문화센터의 공연장을 활용할 수 있게 해드리는 거죠.

그리고 공공문화시설의 '요금 상한제'를 실시할 것입니다. 작년에 독일을 다녀온 친구는 유명한 베를린 필 오케스트라를 단 8유로에 보고 왔습니다. 시민이 볼 수 없고, 들을 수 없고, 함께 할 수 없는 공공문화시설은 시장과 구청장의 액세서리에 불과합니다.

숫 자 로   보 는   공 약   이 야 기

▶일본의 도시전략연구소가 내놓은 2009년 도시의 세계경쟁력 지수 중 예술 항목에서, 서울시가 차지한 등수는 **31위**. 전체 대상 도시는 35개였기 때문에 바닥 수준으로, 4년 동안 '디자인 서울'로 퍼부은 것에 비하면 야박한 점수인 셈. 이 항목은 '문화적 자극' '예술가 수' '창조적 활동을 위한 환경' 등이 주요 요소로 평가되었다.

▶2008년도 문화 향수 실태조사에 따르면, 한 해 동안 서울시민들이 미술 전시회나 미술관을 간 횟수는 **0.23회**다. 2006년에 0.37, 2007년에 0.39였던 것에 비춰 보면 많이 낮아졌음을 알 수 있다. 살기가 팍팍해지면서 미술관에 가는 것은 점점 사치가 되어 간다.

▶서울시에는 영화관이 76개가 있고, 이들의 스크린 수는 474개에 달한다. 산술적으로 보면 한 자치구에 영화관이 2개 정도는 있어야 되지만, 유일하게 도봉구에는 극장이 단 **한 곳도 없다.**

▶서울의 전체 동네 체육시설 중 강남, 서초, 송파구에 있는 시설(총 539개소)의 비중은 **27%**에 달한다. 반면 광진, 마포, 용산구는 39개소에 불과해 강남, 서초, 송파구와 13.8배의 차이를 보였다.
서울시에선 뒷산 공원 조성이니 동네 공원 조성 사업을 열심히 했지만, 지역 간 균형을 조정하는 것은 실패한 셈. 1천 원 있는 사람한테 100원과 1만 원 있는 사람한테 100원은 10배의 차이가 있다는 것을 모르는 걸까?

▶서울 시민들이 한 해 동안 음악, 무용, 연극 등 공연 예술을 관람하면서 사용한 평균 비용이 **68,780원**. 2007년도만 하더라도 8만 원이 넘었었다.
통상 티켓 값이 3만원에서 20만 원 정도 하니, 문턱이 높아져도 단단히 높아진 셈이다.

"천만 시민의 오케스트라, 문화가 넘치는 서울을 만들겠습니다"

추진 방법

① 시민 누구나 악기 하나 다룰 줄 아는 '천만 오케스트라 프로젝트' 실시

- 누구나 자유롭게 이용할 수 있는 지역문화예술 공간 설치

- 중소기업 밀집지역 문화센터, 악기 지원센터 등 인프라 구축

- 전체 문화회관의 통합스케줄 관리, 동네별 작은음악회등 지원 사업

② 예술해서도 밥도 먹고, 아이도 키울 수 있도록 문화예술인 복지 프로젝트 실시

- 고용보험 지원 등 문화예술인의 소득 안정 프로젝트

- 전문 문화예술인을 위한 '아름다운 작업실' 사업 실시

③ 누구나 누리는 문화

- 카드 하나로 모든 박물관, 미술관 등 문화시설과 공연을 즐길 수 있는 '서울문화로 카드' 운영

- 시민참여형 문화 축제, 동네 예술단 축제 개최 및 지원 확대

추진 효과

① 서울의 문화 다양성 증대로 도시 관용성, 창조성 함양

② 보편적인 문화예술지원체계로 문화와 예술이 숨쉬는 예술도시로 도약

소요 재원 : 지역 문화 예술 공간 설치, 문화예술 소프트웨어 지원 2,000억 원

진보의 약속

디자인 서울에
'나'는 없습니다

앉은 높이에서 보는 세상이 담이 아니었으면 좋겠습니다.

예전 동대문 운동장이 있던 곳에 공원이 생겼습니다.
서울 성곽이 발굴되어 역사문화공원이 되었다고 하더군요.
하지만, 앉은 자리에선 높은 벽 밖에 보이지 않습니다.
까치발을 들 수도 없어,
그렇게 돌아서고 말았습니다.

사건이 터지면 그 때마다 우는 아이 사탕 주 듯 달래며
돈 몇 푼 쥐어주지요.
자존감도 자신감도 없는 서울살이는 힘겹기만 합니다.

디자인 서울에는 '우리'가 없습니다.
알고 계신가요?

장애인을 위한 시설은
사실 누구나 이용해도 편하죠.
눈높이를 다른 사람에게
맞추는 것이 중요하군요!

Q 서울시에서 장애인이 행복한 도시를 만들겠다고 했잖아요, 잘되고 있나요?

A 네. 맞습니다. 2008년 11월 '장애인 행복도시 프로젝트'를 발표했죠. 그건 성람재단과 석암재단의 장애인 시설에서 발생한 문제 해결을 요구하는 장애인들의 50일 농성에 따른 결과였습니다. 등 떠밀려 만든 프로젝트라 그런가요, 사업 진행은 지지부진 했습니다.

Q 그랬군요. 장애인 시설에 대해 저 역시 평소에는 생각해본 적이 없는 거 같아요.

A 혹시 저상버스를 타보셨나요? 지하철 엘리베이터는? 이런 편의시설은 장애인 등 교통약자를 위한 것이지만, 사실은 누가 이용해도 편하죠. 우리가 말하는 장애인 예산은 장애인만을 위한 예산을 뜻하지 않습니다. 오히려 시설물들을 장애인의 눈높이에 맞추면 누구에게나 더욱 편안해집니다.

Q 착한 정책이군요. 그런데 시설에서 장애인들끼리 함께 사는 것이 더 편하지 않을까요?

A 장애의 성격에 따라 지속적인 의료 지원이 필요한 분들에겐 요양병원 등의 시설이 필요합니다. 하지만 현재 운영되는 장애인 시설 대부분은 집단으로 관리하기 위한 거주시설입니다. 이런 곳에선 사적인 생활이 보장되기 힘듭니다. 때문에 시설에 있는 장애인 중 대부분이 시설 밖에서 다른 비장애인과 같이 살기를 원하고 있습니다. 문제는 시설 장애인들의 선택이 보장되느냐 보장되지 않느냐의 문제입니다.

Q 서울은 지형의 특성상 저상버스를 도입하기 힘들다는데요?

A 경사가 높은 서울의 지형 때문에 저상버스를 모든 노선에 도입하는 것이 어렵다고들

합니다. 하지만 이는 기술의 발달을 염두에 둔다면 사실이 아닙니다. 서울시는 교통약자를 위한 이동 편의 증진 계획에 따라 2011년까지 저상버스 2,477대를 도입해야 하지요. 하지만 현재까지 1,075대만 도입된 상태입니다.

Q 장애인 '체험 홈'을 말하는데, 그게 그룹 홈이랑 뭐가 다른가요?

A 현재까지 운영되고 있는 그룹 홈은 기존의 시설 입소자들 중 시설장의 추천을 받아 별도의 주거생활을 하는 형태지요. 체험 홈은 탈 시설을 원하는 시설 입소자들이 공공 임대주택 등에 살면서 일반 주거시설로 자립할 수 있도록 하는 형태입니다. 따라서 무엇을 장애인의 자립 생활로 보느냐, 특히 장애인들의 자기 결정권이 보장되느냐가 핵심 기준입니다.

Q 서울시의 장애인 의무고용비율은 어떻게 되나요?

A 현행 법률에 따라 공공기관의 장애인 의무고용 비율은 3%입니다. 서울시 및 자치구 공무원이 4만 명 정도니 최소 1천 200명은 되어야 하지만 843명에 불과합니다. 2.04%로 전국 16개 시도 중 꼴찌입니다. 또 자치구는 빼고 서울시만 따지면 1.34%에 불과합니다. 법으로 3%를 고용해야 하는데 불과 3분1만 지키고 있을 뿐입니다.

Q 이런! 관심을 갖지 않으니 보이는 데만 신경을 쓰는 군요. 참, 요즘 점자 블럭이 잘 보이질 않아요, 규정이 바뀌었나요?

A 아뇨, 현행 법으로도 선형 블럭이나 점형 블럭 등 점자 블럭은 반드시 설치해야 합니다. 하지만 서울시가 디자인거리 조성 사업이라고 하면서 점자 블럭을 디자인상의 문제로 없애 버렸습니다. 작년 한 언론에 따르면 완료된 13개 디자인거리 중 4개를 제외한 모든 곳에서 기존의 점자 블럭을 없앴다고 합니다. 보도 내 장애물이 없기 때문에 점자 블럭이 필요없었다는 것이 서울시 해명인데, 점자 블럭을 장애물을 피하기 위한 안내판 정도로 생각하는 인식을 고스란히 드러내 주고 있죠.

숫 자 로   보 는   이 야 기

90%

▶국립재활원이 올해 발표한 자료에 따르면, 전국의 장애인 중 **90%**가 후천적 장애를 가진 것으로 조사되었다. 그 중 35%는 교통사고 등의 외부적 사고에 의해 생겼다고. 장애의 문제를 그들만의 문제로 보는 것은 '나는 절대로 사고로 장애를 가질 일이 없다'라는 후진적인 미신이라고 해석할 수 있다.

21.9%

▶서울 시내에 버스정류장은 10,546개가 있고, 이중 64.9%에 해당하는 6,847개의 정류장에 점자 블럭, 점자 표지판 등 편의시설이 설치되지 않았다. 또 1,389개소가 기준 미달로 나타나 서울 시내 정류장 중 장애인이 사용할 수 있는 곳은 전체의 **21.9%**에 불과하다.

0.2%

▶서울시는 장애인들의 자립을 위해 '체험 홈'을 2009년에 5개소, 2010년에 10개소를 짓겠다고 약속했다. 하지만 지켜지지 않았다. 이에 장애인들은 62일간이나 노숙 농성을 했고, 결국 서울시는 2010년에 애초 계획대로 15곳의 체험 홈을 지원하겠다고 밝혔다. 2009년 체험 홈 5개소의 지원 예산은 6천만 원으로 같은 해 서울시가 사용한 홍보비의 **0.2%**에 해당한다.

0%

▶지난해부터 우측 보행제가 실시됐다. 이에 따라 교체되어야 하는 지하철 내 장애인 점자 블럭 교체율은 0%이다. 우측 보행을 하면 머리도 좋아지고 사고율도 줄어든다는 데, 장애인들은 사고가 나도 괜찮다는 것인가.

6

▶서울 인구를 100명이라고 했을 때, 그 중 6명은 장애인이다. 2008년에 비해 2009년에는 장애인 인구수가 4.18%나 증가했는데, 이는 사고에 따른 후천적 장애가 늘었기 때문이다. 하지만 이렇게 늘어나는 장애인들을 주변에선 쉽게 볼 수 없다. 장애인 당사자의 말에 따르면, 서울은 그 자체로 장애인들에게 정글과 같기 때문이라는데. 장애인에게는 아직 서울 자체가 장애물인 셈.

57%

▶서울시가 시설에 입소해 있는 장애인을 대상으로 설문조사를 한 결과, 전체의 57%에 해당하는 장애인들이 시설에서 벗어난 독립적인 삶을 원했다. 특히 이 중 70%는 소득지원만 된다면 당장이라도 따로 살겠다고 답했는데, 그동안 시설 중심의 장애인 정책은 실효를 다한 것으로도 볼 수 있다.

노회찬의 장애인 정책

"장애인 자립생활을 위한 세 바퀴 공약을 실시하겠습니다"

더 이상 장애가 불편하지 않는 도시, 서울!
추진 방법
① 교육, 교통, 주택, 자활 등 장애인의 삶과 관련된 모든 시설과 정책집행에 장애인 참여
② 지역별, 분야별 '장벽 없는 서울(barrier free)' 프로젝트 실시

장애인 경제적, 사회적 자립생활 지원
추진 방법
① 서울 장애인 공무원 비율을 현행 3%에서 5%로 상향 조정
② 장애 아동의 욕구는 장애 예방, 치료, 재활뿐만 아니라 복지, 보육, 교육의 통합 지원시스템 구축(장애 아동 지원 조례 제정)
③ 지자체 및 지방 공기업 발주 위탁사업 입찰 시, 최저임금제에서 적용, 제외된 장애인에게 공정임금
④ 장애인 활동보조인 사업 확대

소요 재원
① 저상버스 조기도입, 교통편의시설 개선 : 2,000억 원
② 장애인 체험 홈 지원등 : 100억 원

진보의 약속

소통하라, 공짜다

미국에서 아이폰이 처음 등장했을 때 나의 절망감은
더욱 깊어졌다. 다른 나라에서 인터넷과 모바일 사이에
고속도로가 개통되고 있는 동안, 한국에선 이 둘 사이에
비포장도로만 놓여 있었고 더구나 비싼 통행요금까지 받고 있었다.
인터넷 강국이라던 한국이 OECD국가 중에서 무선 인터넷
이용율이 가장 낮다는 치욕적인 통계까지 보도 되었다.

......

나는 블랙베리와 아이폰을 둘 다 쓰기로 했다.
이찬진 대표는 블랙베리 중고 가격이 더 떨어지기 전에
처분하라고 충고도 보내왔다. 실제 요금 부담이 작은 것은 아니다.
그러나 좌사우포 즉 왼쪽엔 사과(애플사의 아이폰) 오른쪽엔
포도(블랙베리)라는 쌍권총을 차기로 했다.
왜곡된 한국 IT 정책의 폐해를 체험하고 무선 통신 세계의
변화와 발전을 체감하기 위해서다.

노회찬의 〈난중일기〉 중에서

숫자로 보는 이야기

▶차량 무선 인터넷 망이 구축되면 서울 시내버스의 경우 하루 평균 567만 명이, 서울 지하철은 하루 평균 473만 명 등 총 **천만 명**에 가까운 시민들이 이동 중에 무선 인터넷 사용이 가능해 집니다.

▶무선 인터넷 전환기가 한 대당 **10만 원** 정도로 만대를 설치할 때 총 100억 원 정도면 모든 시민들이 무선 인터넷을 이용할 수 있습니다. 지금 현재 운항도 못하고 있는 '한강 르네상스 1호'라는 배 가격이 150억 원을 감안하면 지금 당장 실현 가능합니다.

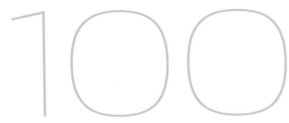

▶버스와 지하철에서 무선 인터넷이 가능하게 하기 위해서는 서울 시내의 버스 7,598대와 서울지하철공사와 도시철도공사가 보유한 지하철 3,508량 등 총 **1만대** 가량의 무선 인터넷 전환기가 필요합니다.

한국 무선 인터넷, 고립될 것인가?

2009년 7월 19일자 뉴욕타임스에는 휴대폰이나 무선인터넷에 관심을 가지고 있는 사람이라면 대단히 흥미로워할 기사 하나가 실렸다.

그것은 1980~90년대 전 세계 전자제품 시장을 주름잡던 제조업 강국인 일본의 휴대폰을 왜 오늘날의 세계 시장에서는 볼 수 없는가? 하는 물음이었다.

일본의 무선 인터넷 서비스 아이모드(i-mode)를 개발한 나쯔노 다케시 교수는 "일본의 휴대폰은 갈라파고스 제도(Galapagos Islands)에서 다윈이 조우했던 고유종들과 같습니다." 라고 일본 제조업의 문제점을 꼬집었다.

세계 최고 인터넷 강국 한국의 IT(정보통신)산업 역시 이동통신회사의 낮은 수익모델, 무선 인터넷에 대한 정부의 무신경으로 인해 갈라파고스의 생물처럼 고립되고 멸종되어가는 위기에 빠져 있는 것이다.

▶시장 취임 이후 **100일** 안에 버스, 지하철에서 와이파이(무선 인터넷)를 무료로 쓸 수 있게 하겠습니다. 2단계로 버스 정류소, 지하철 역사, 관공서, 공원, 도서관, 미술관 등 공공장소와 유동 인구가 많은 주요 도심 지역에 무선 인터넷이 가능하도록 만들겠습니다. 그리고 3단계로는 여타의 주거 지역까지 핫스팟 존(Hot Spot Zone)을 확대해 나가겠습니다.

노 회 찬 무 선 인 터 넷 정 책

"무상 무선 인터넷, 100일이면 가능합니다"

추진 방법
① 서울시의 버스나 지하철 같은 대중교통에 무선 전환기 설치
② 버스 정류소, 지하철 역사, 관공서, 공원, 도서관, 미술관 등의 공공장소 및 유동인구가 많은 주요 도심지 지역, 인구 밀도가 높은 집단 거주 장소, 그리고 여타의 지역으로 핫스팟 존을 확대
③ 일반 주거 지역에서도 시민들로 하여금 마음껏 무선 인터넷의 혜택을 누릴 수 있게 이해 당사자들의 협력체제 구축

기대 효과
① 소비자들의 편익을 극대화하고, 중소기업, 개발업자 등 발전 자체가 지체되어왔던 국내 무선 인터넷 사용 환경을 획기적으로 개선
② 무선 인터넷의 활발한 이용은 다양한 형태의 단말기 제조에도 긍정적인 영향을 미치며, 무선 단말기(ex 스마트폰, 아이패드 등)의 개발, 이용 증대로 인하여 다양하고 편리한 행정, 복지 서비스 향상

소요 재원 : 무인터넷 전환기 설치 등 1단계 사업 소요비용 100억 원

03

노회찬은 이렇게 하겠습니다!

처음 그를 보면, 두 가지 사실에 놀라게 됩니다.
꼼꼼하다는 것과, 그리고 무척 부끄러움이 많다는 것.
누구보다도 논쟁을 좋아할 것 같은 그의
평소 목소리는 작고 나지막합니다.
연상하기 힘드시지요?
게다가 처음 만나는 순간에는 가끔씩 얼굴을 붉히기도 합니다.
또한 꼼꼼함은 어떤가요.
그의 양복 안주머니에는 손바닥만한 작은 수첩이 늘 있습니다.
펜을 꾹꾹 눌러가며 메모를 즐깁니다.

이제까지 서울의 가계부와 생활기록부를 살펴보면
방대하고 비밀이 많다는 것을 느낄 수 있습니다.
그의 꼼꼼함이 이제 빛을 발해야 할 것 같습니다.

그가 서울 시민과 함께 그릴 청사진을 기대하게 하는 이유입니다.

● 이렇게 하겠습니다

노회찬의 서울 비전 ❶
아이와 엄마가 행복한 서울을 만들겠습니다.

- 4세까지 월 10만원의 아동수당을 지급하겠습니다.
- 4세까지 모든 필수예방접종을 포함한 아이들의 의료비를 무상으로 지원하겠습니다.
- 국공립산후조리원을 확충하고 방문 산후조리 서비스 등 다양한 산후조리 서비스를 제공하겠습니다.
- 국공립 어린이집을 동마다 3개로 확대하여, 내 집 앞 국공립 어린이 집을 실현하겠습니다.
- 중소기업에 직장어린이집을 설치할 시 서울시가 50%의 부담금을 지원하겠습니다
- 일 하는 엄마를 위한 보육 시간 연장 등 직장인 맞춤 보육을 확대하겠습니다.
- 중소기업 밀집지역에 어린이집을 두어 지역 노동자의 복지를 높이겠습니다.
- 장애영유아 맞춤 보육을 위한 특수교사 및 치료사 확대, 통합보육을 실시하겠습니다.
- 친환경 장난감 보급 등 친환경 보육을 실현하겠습니다.
- 학교급식을 직영전환하고, 친환경 무상 급식을 실현하겠습니다.
- 초·중학교마다 준비물 센터를 설치, 준비물 없는 학교를 만들겠습니다.
- 학교 등 공공 생활공간 실내공기질 개선으로 아토피·천식 없는 서울을 만들겠습니다.

노회찬의 서울 비전 ❷
일과 여가의 조화, 휴(休) 프로젝트로 '888 서울'을 만들겠습니다.

- 공공부문 노동시간 상한제를 도입하겠습니다.
- 노동시간 단축, 일자리 나누기 모범 기업을 선정해 임직원 휴가비를 지원하겠습니다.
- 적절한 휴식이 보장되는 노동환경을 조성하겠습니다.

- 환경미화 노동자에게 샤워시설을 제공하겠습니다.
- 판매노동자의 앉을 권리를 보장하도록 의자를 지원하겠습니다.
- 건물 청소 노동자의 식사와 휴식을 위한 휴게 공간 설치를 지원하겠습니다.
- 장기 이동 건설 노동자를 위한 노동자 전용 임시 주거 시설을 마련하겠습니다.
- 식당 밀집지역과 영세한 봉제공장 밀집지역에 여성 노동자를 위한 전용 쉼터를 설치하겠습니다.
- 천만의 오케스트라, 문화유전자가 흐르는 서울창조시민을 지원하겠습니다.
- 5~10인의 동호회에 대해 강사 등 교육과 용품을 지원해 다양한 문화예술 활동이 가능한 '직장인 문화의 날개' 프로젝트를 실시하겠습니다.
- 우리 동네 작은 도서관, 마을마다 공공 도서관을 확대하겠습니다.
- 지하철 시설을 이용해 도서상호대차 서비스, 장난감 도서관, 재활용품 교환 서비스를 제공합니다.
- 서울시 문화공연이나 시설물에 대한 통합 정기관람 이용권을 개발하여 운영하겠습니다.

노회찬의 서울 비전❸

일자리, 집, 건강 걱정 없는 서울을 만들겠습니다.

- 더 좋은, 더 많은 일자리: 복지 서비스 확대, 녹색 일자리 창출, 노동시간 단축을 통해 70만 개의 괜찮은 일자리를 만들겠습니다.
- 재래시장 공공개발, 대형마트 규제로 중소 자영업자의 일자리를 보호하고 지역경제를 활성화 하겠습니다.
- 공공부문부터 정규직 전환을 선도하고, 차별시정센터를 설립해 고용차별을 바로 잡겠습니다.
- 공공입찰 심사에 고용안정, 고용차별 지수를 포함시키는 착한기업 우대제로 서울시민의 고용을 보호하겠습니다.
- 공공부문 발주 사업의 임금을 최저임금의 150% 이상으로하는 공정임금제를 실시하겠습니다.
- 공공부문 신규 채용 시 연령제한을 없애고 영어시험을 필수 직종에만 한정하겠습니다.

- 사회주택(공공임대주택)을 임기내 10만호 공급 하겠습니다.
- 소득에 따라 반값 전세주택을 공급하겠습니다.
- 뉴타운 개발을 전면 재검토하고 시민참여형 순환개발을 실시하겠습니다.
- 보건소를 지역주민건강센터(보건지소)로 전환하여 예방의학, 운동치료 등을 실시하겠습니다.
- 노인주치의 제도를 도입하고, 시립 장기요양서비스 기관을 설립하겠습니다.
- 권역별 1개 이상 서울형 보호자 필요없는 병원을 지정 운영하겠습니다.
- 저소득층 만성질환자에 대해 방문검진 서비스를 지원하겠습니다.
- 저소득층 에너지 복지를 확대해 단전 단수 단가스 없는 서울을 만들겠습니다.
- 여성의 안전과 보호를 위해 여성경찰과 여성소방관을 늘리겠습니다.
- 학교, 지하철 등 석면 없는 서울을 만들겠습니다.
- 복지 부시장을 도입하고 각 구별로 고용복지나눔센터를 설립하여 일자리와 복지 서비스를 통합 하겠습니다.

노회찬의 서울 비전 ❹

태양과 바람의 도시를 만들겠습니다.

- 한강생태복원 프로젝트: 한강 수중보를 걷어내 습지와 백사장을 복원하겠습니다.
- 빗물 저금통 사업으로 돈절약! 물절약! 환경을 살리겠습니다.
- 내 집 앞 공원으로 주민의 주거환경을 개선하고 여가 활용을 높이겠습니다.
- 2020년까지 탄소 배출 25% 감축, 재생에너지 비율 10%를 달성하겠습니다.
- 서울시 건물에너지효율 등급제를 도입하고 초고층건물을 제한하여 건물에너지 소비를 줄이겠습니다.
- 노후 건물 에너지 효율화 사업으로 에너지 사용량을 줄이고 녹색일자리를 창출하겠습니다.
- 폐식용유를 바이오디젤로 전환, 공공차량과 마을버스 등에 사용하겠습니다.
- 서울시 발전차액지원 제도 도입과 태양광 발전설비를 지원해 재생에너지 비율을 확대하겠습니다.

- 인조 잔디 대신 학교숲, 옥상녹화, 텃밭, 태양광 발전기로 조성된 생태학교를 만들겠습니다.
- 수도권 지역 지하철, 버스를 통합하는 대중교통통합공사를 설립하여 편리하고 저렴한 대중교통을 만들겠습니다.
- 대중교통 정기권을 도입하여 서민의 교통비 부담을 줄이겠습니다.
- 서울 도심에 무가선 노면전차(트램)을 도입하여 친환경 녹색 교통을 확충하겠습니다.
- 도심 교통유발시설의 출입차량에 혼잡통행료를 징수하여 승용차 사용을 억제하겠습니다.
- 도로 다이어트를 추진하고, 자전거 중심 도로정책을 실시하겠습니다.

노회찬의 서울 비전❺

장벽 없는 소통과 공존의 서울을 만들겠습니다.

- 서울광장조례 개정과 참여예산제 도입으로 광장과 예산을 시민의 품으로 돌려 드리겠습니다.
- 서울 도시계획위원회에 시민 참여를 확대해 도시 계획을 민주화, 녹색화하겠습니다.
- 서울시의 모든 정보를 투명하게 공개하겠습니다.
- 장애인의 주거, 고용, 생활안정을 보장하는 세바퀴 정책으로 장애인 자립생활을 지원하겠습니다.
- 저상버스, 장애인콜택시의 도입을 확대하여 교통약자의 이동권을 보장하고, 이동권 평가 인증제를 도입하겠습니다.
- 노숙인 쉼터를 확대하고 조건 없는 주거/일자리 지원 제도를 도입해 노숙인의 자활을 돕겠습니다.
- 여성참여예산제 도입, 여성고위공무원 30% 보장으로 보이지 않는 성별 장벽을 제거하겠습니다.
- 반차별조례를 제정하여 차별에 근거한 폭력과 범죄를 예방하고 피해자를 지원하겠습니다.

노회찬의 서울 비전❻

역사와 문화가 살아 숨 쉬는 도시로 만들겠습니다.

- 남대문 화재와 같은 사고를 예방하기 위해 문화재 관리 시스템을 강화하겠습니다.

- 역사도시 정체성 강화를 위해 소격동 국립현대미술관 예정지를 규장각/사간원터 및 종친부터로 복원하겠습니다.
- 국립현대미술관, 문화예술극장등 문화예술시설을 도심에 집중시켜 4대문 안 문화예술 지구를 조성하겠습니다.
- 장충체육관에서 타워호텔 뒤쪽, 혜화문 성곽길 등의 파괴되고 사라진 성곽을 보존/복원하겠습니다.
- 민간자본에 의한 고층개발이 아닌 저층화를 통해 유네스코가 지정한 세계문화유산인 종묘의 역사성 및 정체성을 보존하고 역사도시의 생명력을 유지시키겠습니다.
- 서울 시민이 참여, 이용할수 있는 서울형 문화의 집을 설립하겠습니다.

노회찬의 서울 비전 ❼

미래로 진보하는 서울을 만들겠습니다.

- 지역상권개발 프로젝트를 통해 대형마트, SSM(기업형 수퍼마켓) 대신 동네 가게를 활성화하고, 재래시장을 경제·문화·복지의 중심으로 만들겠습니다.
- 사회적기업, 장애인 우선고용 기업 등 착한 기업의 생산물을 우선 구매함으로써 사회적 경제를 활성화하겠습니다.
- 서울시립대 지원 확대, 시립직업훈련기관 확대 등을 통해 인적 자원에 대한 투자를 늘리겠습니다.
- 지하철, 버스, 학교, 공공기관 등 공공장소부터 인터넷 무상이용, 전자 도서관 사업 추진으로 지식정보사회로 나아가겠습니다.
- 서울 전역을 1중심 4권역 벨트로 묶어 주는 공간산업 전략을 추진하겠습니다.
- 공동연구센터 설립, 창업지원, 교육지원 등을 통해 IT, 녹색, 문화, 소규모 무역 분야에서 중소기업과 벤처 기업을 활성화하겠습니다.
- 서울, 평양, 북경, 동경 등 동북아 주요 4개 도시 평화 협정을 체결하고 국제 심포지엄, 문화 학술 스포츠 교류를 활성화해 아시아 평화 시대를 열어가겠습니다.

● 절대 하지 않겠습니다!

시청과 광장에서 시민들을 쫓아내는 일, '안 하겠습니다'

서울 시청과 광장은 시민의 것이지, 한나라당 시장의 것이 아닙니다. 그러나 지금도 하소연 할 곳 없어 시청과 광장을 찾는 시민들이 쫓겨나는 일이 반복되고 있습니다. 시민들을 쫓아내는 일 '안 하겠습니다'. 언제라도 시민들을 따뜻하게 맞고 귀를 열어두겠습니다.

CEO 시장이라는 착각, '안 하겠습니다'

서울시는 돈만 벌면 되는 기업도 아니고, 공무원이 영업직 직원도 아니며, 시민이 물건 사는 고객도 아닙니다. 그러나 연이어 집권한 한나라당 소속 시장은 돈이 되는 일만 강조하며 공무원을 다그치고 시민들에게 필요한 공공서비스를 삭감해왔습니다. 서울시 주식회사의 회장인양 착각 '안 하겠습니다'. 공공성과 형평성을 두루 살피는 시장(市場) 견제 시장(市長)이 되겠습니다.

서울 시민의 자존심을 지키겠습니다. 중앙권력에 '아첨'하는 짓, 절대 '안 하겠습니다'

지방 분권의 시대가 열렸음에도 지방 정부가 중앙 정부에 아첨하는 일이 많습니다. 지방정부는 중앙 정부의 잘못된 사업에 대해서는 할 말을 하며, 제대로 견제해야 합니다. 중앙 정부가 하는 사업 거들려고 서울시 사업 다시 포장해서 내놓는 일은 없어야 합니다. 중앙권력에 아첨하는 짓, '안 하겠습니다'. 서울시의 원칙과 시민의 자존심을 지키는 진보 시장이 되겠습니다.

사람 잡는 뉴타운, '안 하겠습니다'

뉴타운 재개발 사업은 멀리서 보면 보랏빛으로 보이지만 실상을 들여다보면 소수의 지주들과 건설

회사만 막대한 이익을 주고 영세 상인과 세입자들의 터전을 빼앗는 사업입니다. 다시는 용산 참사 같은 일이 있어선 안 됩니다. 지금과 같은 뉴타운 사업, 더 이상 '안 하겠습니다.' 재개발 사업을 공공 기구가 책임지고 저가 장기 임대주택을 충분히 공급할 수 있도록 하겠습니다.

노들섬 오페라 하우스, '안 하겠습니다'

서울시가 노들섬에 지으려고 하는 오페라 하우스에 대해 말이 많습니다. 그런데 서울시에 그러한 공연장이 부족하지도 않고, 접근성도 떨어지는 노들섬에 지을 이유는 더욱 없습니다. 노들섬은 야생 조류와 양서류의 서식지로 역할하고 있을 뿐 아니라, 자연환경을 잘 가꾸면 더욱 많은 시민들이 찾을 수 있는 곳입니다. 노들섬 오페라 하우스 건립, '안 하겠습니다'. 시민이 다가갈 수 있는 중소규모 공연장 확충이 더욱 중요합니다.

홍보비 낭비, '안 하겠습니다'

현 서울시장이 3년 동안 사용한 홍보비는 자그마치 1,104억 원으로 전임 시장 시절 보다 3배가 넘는다고 합니다. 홍보비를 많이 써서 외국 관광객이 온다는 것도 착각이고, 서울시 홍보비를 자기 돈처럼 마음대로 쓰는 것도 잘못입니다. 홍보비로 혈세 낭비하는 일, '안 하겠습니다'. 무엇을 잘했다는 홍보 이전에 누구나 공감할 수 있는 사업의 결과로 말하겠습니다.

연말이면 보도 블럭 파헤치기, '안 하겠습니다'

연말이면 반복되는 멀쩡한 보도 블럭 교체, 가로등 바꾸기, '안 하겠습니다'. 보도 블럭을 교체할 돈으로 걷고 싶은 길 조성, 자전거 도로 정비, 장애인 접근이 보장되는 교통 편의 시설 확충에 사용하겠습니다.

한강 운하, 4대강 죽이기, '안 하겠습니다'

지금 벌어지고 있는 4대강 개발이라는 만행은 박정희, 전두환 대통령 때 이루어진 한강종합개발 사업에 뿌리를 두고 있습니다. 멀쩡한 강을 댐과 보로 막고, 좌우로 콘크리트 제방을 쌓는 이 사업이 전국으로 번지는 것은 참혹한 비극입니다. 한강 르네상스라는 이름의 한강 분칠과 운하 조성, '안 하겠습니다'. 수중보를 헐어 강물과 모래가 흐르게 하고 4대강 사업도 막아내겠습니다.

대심도 지하 도로, '안 하겠습니다'

서울시가 추진하려는 지하 40미터 깊이의 자동차 전용 도로는 안전문제, 대기오염 문제, 자동차 신규 유입 문제를 안고 있으며, 대중교통 확충 정책과도 정면으로 위배되는 계획입니다. 대심도 지하 도로, '안 하겠습니다'. 더 편리한 전철과 버스를 더 저렴하게 공급하여 승용차 이용 필요 자체를 줄이겠습니다.

디자인 외치며 서울 문화유산 파괴, '안 하겠습니다'

지난 몇 년간 서울시에는 수많은 휘황한 디자인들이 넘쳐났지만, 그 와중에 서울 시민이 아끼고 사랑하던 동대문운동장, 시청 본관, 피맛길이 모두 허물어지고 파헤쳐졌습니다. 디자인 수도를 외치면서 문화유산을 파괴하는 바보짓, '안 하겠습니다'. 서울 고유의 개성과 삶의 흔적을 살려나갈 수 있도록 역사성과 사회성을 우선시하는 문화 행정을 펴겠습니다.

● 현 서울시의 가계부를 공개합니다

서울시 가계부의 문제점 ❶
"쓰겠다는 돈하고 쓴 돈하고 차이가 나요"

서울시의 한 해 살림은 전년도 말에 결정됩니다. 시의회에서 예산 심의를 통해 확정이 되는데요, 그간의 서울시 살림을 뜯어보면 언제나 계획보다 많이 쓰는 것으로 나타납니다. 실제로 2007년도에는 당초 예산이 18조였는데 결산을 보니 20조가 되어 있고, 2008년도에는 21조가 23조, 2009년에는 22조가 26조로 되어 있었습니다. 2009년에는 기존 예산의 1/4이 늘어난 셈이죠. 같은 해 부산은 1/7정도였으니, 서울시의 돈 사용은 문제가 많습니다.

서울시 가계부의 문제점 ❷
"그래서 빚이 많습니다"

계획적인 돈 사용이 안 되니, 빚을 질 수밖에요. 2009년 기준으로 서울시의 부채는 19조에 달합니다. 2007년부터 2010년까지 늘어난 부채만 6조 원 가량입니다. 2001년부터 2006년까지 늘어난 부채가 5조원도 채 안되니, 얼마나 빚이 많이 늘었는지 짐작할 수 있습니다. 서울시는 지하철 9호선 건설 등 사업 때문에 그렇다지만, 투자기관 등을 제외하고 서울시 본청만 놓고 보더라도 2007년 1조3천억 원 규모에서 2010년 3조1천억 원 규모로 2배 이상 늘었습니다. 지금 서울시의 부채를 서울시 인구로 나누면, 서울시민 1인당 190만 원의 빚을 지고 있는 셈입니다.

서울시 가계부의 문제점 ❸
"또, 있는 재산도 제대로 관리를 못하고 있어요"

보통 서울시의 수입에서 세금이 차지하는 비율이 상당히 높습니다. 당연하겠죠? 하지만 시유재단을 잘 운영하거나, 혹은 예산을 아껴 이자수입이 늘게 되면 세금외의 수입이 늘어나게 됩니다. 이를 세외 수입이라고 하는데, 서울시는 2008년부터 계속 세외 수입이 줄어들고 있습니다. 2008년에 8조5천억 원 규모였는데, 2009년에 7조6천억 원, 2010년에 5조9천억 원 규모로 말이죠. 그러다 보니 재정 자립도가 계속 떨어지는 것이죠.

서울시 가계부의 문제점 ❹
"그런데도 낭비벽이 고쳐지질 않네요"

기존에 해오던 사업이 아니라 시장이 시책 사업으로 추진하는 사업의 규모가 지난 5년 동안 8조 원이나 들었어요. 이 안에는 한강 르네상스, 디자인 서울사업, 관광 홍보사업 등이 포함되어 있죠. 집안 살림은 어려워지고 있는데, 사업은 줄지 않고 계속 늘어나고 있습니다. 지금까지 들어간 돈은 앞으로 들어갈 돈의 1/3도 안 되는 규모예요. 그래서 작년엔 적금까지 깼습니다. 신청사 건립기금하고 노들섬 오페라 하우스 건립기금을 없애고 이를 미리 빼다 쓴 거예요. 그 돈만 5천억 원에 달해요. 쓸 돈을 미리 당겨서 사용했으니, 앞으론 더 어렵겠죠?

서울시 가계부, 이렇게 고쳐야합니다 ●

투명한 가계부 만들기 ❶
"투명하고 계획적으로 써야합니다"

어쩔 수 없는 경우를 제외하고는 미리 계획한 돈이 아니면 써서는 안 됩니다. 그리고 언제 어떻게 쓰겠다는 계획이 투명하게 공개되어야죠.

유리알 재정 공시제도 실시 : 지금 형식적으로 운영되고 있는 사업 실명제를 제대로 운영하고 개별 사업별 예산 지출 내역을 그 때 그 때 공개하겠습니다. 시민의 입장에서 정말 필요한 예산이 반영될 수 있도록 보장되어야 합니다.

지금은 서울시가 혼자서 마음대로 예산을 짜고 있거든요.

서울형 참여 예산 제도 도입 : 각 부서별 사업의 목록을 작성하고 각 사업의 우선순위를 시민들의 참여로 결정하는 제도를 도입하겠습니다.

투명한 가계부 만들기 ❷
"독립적인 재정 평가 기구를 만들어야합니다"

서울시는 향후 5년간 돈을 이렇게 저렇게 쓰겠다는 계획서를 만들어요. 그것을 '중기 지방재정계획'이라고 하는데, 이상하게 매년 바뀝니다. 5년 계획을 짜놓고 매년 큰 폭으로 바뀌면 그것이 계획으로 무슨 소용일까요? 그래서 중장기적인 돈의 쓰임을 관리하고 해마다 계획을 잡을 때 조언을 해줄 필요가 있습니다.

서울시 지방재정센터 설립 : 서울시정개발연구원 산하에 민간 참여가 보장되는 독립적인 지방재정센터를 설립하겠습니다.

투명한 가계부 만들기 ❸
"조례 하나에도 비용을 고려하도록 하겠습니다"

혹시, 현재 서울시 산하에 재단이 몇 개가 있는지 아세요? 6개가 있습니다. 이 중 2개는 2003년부터 2006년 사이에 만들어졌습니다. 또 2개는 그 이후에 만들어졌습니다. 그런데 앞으로 재단이 3개 더 만들어질 예정이에요. 이번 서울시에서만 5개의 재단이 만들어지는 거죠. 돈이 얼마나 들게 될까요? 물어봤더니, 그런 건 계산도 하지 않는다고 하네요.

조례 제정시 예산추계 의무화 : 서울시든 시의회에서든 조례를 만들 때 얼마나 예산이 사용되는지를 미리 알 수 있도록 예산추계 의무제도를 도입하겠습니다.

● 현 서울시의 생활기록부를 봅시다

서울시 생활기록부 ❶
"매일 이름표를 뗐다 새로 붙였다 정신이 없습니다"

현재 서울시의 규모가 어느 정도나 될까요? 대략적으로 보면, 1개의 실, 5개의 본부, 9개의 국, 12개의 관 혹은 단, 114개의 과 혹은 담당관, 30개의 직속기관, 3개의 사업본부, 40개의 사업소와 마지막으로 시의회까지 개수로만 214개의 기구가 있습니다. 여기에 소속되어 있는 공무원은 총 15,888명입니다.

이 숫자는 25개 자치구 모든 공무원(30,454명)의 절반이 넘는 수입니다. 문제는 이런 서울시의 행정기구들이 매년 바뀐다는 겁니다. 2007년 1월 조직개편을 통해 3개의 임시기구가 설치되었습니다. 그리고 2010년 5월까지 11번이나 조직체계가 바뀝니다. 근 1년에 3~4번씩 새로운 조직이 생겼다가 사라졌다가 하는 겁니다. 올 3월엔 임시기구로 G20정상회의지원단이 생겼네요.

서울시 생활기록부 ❷
"숫자도 많은 위원회들, 당최 어떻게 운영되는지 알 수가 없습니다"

현재 서울시에는 이런 저런 이유로 운영되는 위원회가 백여 개가 되지만, 이중 78개는 법이나 조례에 의해 설치된 위원회입니다. 이 위원회에 속해 있는 위원수만 1,964명에 달합니다. 그리고 이중 16%인 311명이 공무원입니다.

그런데, 이렇게 많은 위원회들이 뭐하는지 모르겠습니다. 정보를 공개하지 않습니다. 누가 위원인지 아닌지는 이상하게 브로커들만 압니다. 뇌물 사건이 터질 정도로 그들만이 서로를 알고 있습니다. 오직 시민들만 모릅니다. 정보 공개를 해도 개인 정보이기 때문에 공개가 어렵다고 합니다. 스스로를 밝힐 수 없는 위원들이 시민들의 일상에 영향을 주는 결정을 하고 있는 셈입니다.

서울시 생활기록부 ❸
"그들만의 정보가 너무 많습니다"

2007년 현황을 보면 전국지자체의 비공개 비율이 6.3%인데 반해, 서울시는 8%에 달하는 것으로 나타났습니다. 그리고 2008년에는 비공개 결정에 대한 행정심판이 13건 제기되었는데 이중 30% 이상이 공개하라고 판결이 나왔습니다. 이 말은 유독 서울시가 정보 공개에 인색하다는 말이 됩니다. 그리고 행정 심판에서 공개비율이 많은 것은 서울시가 공개해야 되는 내용을 제대로 공개하지 않았다는 것을 말합니다. 보통 행정심판까지의 기간이 3달 정도인 점을 고려하면 시민들의 정보접근권은 유명무실합니다.

서울시 생활기록부 ❹
"여전히 서울시는 불통공화국입니다"

서울시 행정은 답답합니다. 그래서 소송도 많습니다. 2006년에 460건 정도였던 서울시 대상 소송건수가 2009년에는 600건 정도가 되었습니다. 2009년에는 거의 매일 2건씩 서울시가 당사자가 되는 소송이 진행된 셈입니다. 평소에 소통이 안되니 법으로 충돌하는 것입니다. 광장을 앞마당으로 사용하다 비판을 받자, 광장운영시민위원회를 설치했습니다. 그런데 광장운영시민위원회의 회의내용이 비공개입니다. 광장을 투명하게 사용하자고 해서 만든 위원회가 비밀 투성이 입니다. 시민을 조삼모사의 원숭이로 보는가 봅니다.

그래서, 이렇게 바꾸겠습니다 ●

서울시 생활개선 방안 ❶
"기구 신설을 신중히하고 위원회를 투명하게 운영하겠습니다"

서울시민의 세금으로 운영되는 서울시에 시민이 몰라도 되는 비밀이 있을 수 없습니다. 그리고 매일같이 이름이 바뀌는 행정부서 개편을 최소화하겠습니다. 그래서 서울시의 주인이 곧 시민임을 보여드리겠습니다.

서울시 생활개선 방안 ❷
"자진해서 모든 행정 정보를 공개하겠습니다"

정보공개 담당관제를 신설하고 모든 정보는 기본적으로 공개하겠습니다. 특히 비법령 사업에 대한 정보는 무조건 세부적인 집행 내역까지 공개하겠습니다. 그리고 모든 문서를 디지털화해서 영구히 보존하겠습니다. 기한이 지나더라도 반드시 보관하여 행정의 무책임함을 막겠습니다.

서울시 생활개선 방안 ❸
"소송 대신 이해와 책임을 바탕으로 친절한 서울시를 만들겠습니다"

시민과 농사를 벌이고 다툼을 할 것이 아니라 상호 파트너십이 필요합니다. 민원책임제를 통해 민원의 해결과정을 공개하고, 결과를 책임지겠습니다. 시민이 직접 참여하는 민원평가제를 도입하여, 시민들로부터 직접 평가를 받겠습니다.

서울시 생활개선 방안 ❹
"주요 정책마다 시민 참여를 보장하는 정책참여제도를 만들겠습니다"

시장 마음대로, 공무원 마음대로 하는 행정 대신 시민과 함께 하는 행정을 실시하겠습니다. 노점상 철거, 보도 블럭 교체 맘대로 하지 않겠습니다. 언제나 시민의 눈높이에서 행정을 펼치겠습니다.

서울, 2010년 6월

노회찬의 약속

초판 1쇄 펴낸날 2010년 5월 10일
초판 2쇄 펴낸날 2018년 8월 15일

발행인 노회찬 (진보신당 서울시장 예비후보)

총괄기획 권영신
정책기획 유성재 김상철 김현우 이형빈 장석준 홍원표
아트디렉터 김경배
포토그래퍼 김상곤
일러스트레이터 정혜선
발행처 노회찬 진보신당 서울시장 후보 선거대책 위원회
　　　(02-735-0601)

펴낸이 이광호
펴낸곳 레디앙미디어
편집 이정신
마케팅 이상덕

등록 2014년 6월 2일 제315-2014-000045호
서울시 강서구 공항대로 481(등촌동, 2층)
전화 02-3663-1521 **팩스** 02-6442-1524
전자우편 redianbook@gmail.com

ISBN 978-89-94340-02-9 03300